学校と教師を変える小中一貫教育
● 教育政策と授業論の観点から

西川信廣・牛瀧文宏 著
Nobuhiro Nishikawa & Fumihiro Ushitaki

The combined education of elementary and junior high schools for innovating schools and teachers

ナカニシヤ出版

はじめに

　我々は，2011年に『小中一貫（連携）教育の理論と方法—教育学と数学の観点から—』を公刊した。当時は既に京都市や広島県呉市，東京都品川区などで小中一貫教育の取り組みが進められていたが，全国的には小中連携教育と小中一貫教育の定義付けも曖昧なまま，多様な取り組みが展開されつつあった時代状況であった。2011年の我々の本は，小中一貫教育を小学校と中学校の教育課程の構造的理解を通した教師の指導力向上を目指す取り組みと定義し，小中一貫教育とは何なのか，そしてその具体としての授業変革の可能性について論じたものであった。

　それから約4年の時間が経過し，小中一貫教育はより広範な展開を見せている。2014年6月には文部科学省は初の全国規模での小中一貫教育の実態調査を実施し，8月には中教審小中一貫教育特別部会が設置され，12月には中教審答申「子供の発達や学習者の意欲・能力等に応じた柔軟かつ効果的な教育システムの構築について」が出され，小中一貫教育校（2016年に予想される学校教育法の改正では「義務教育学校」とされる），小中一貫型小・中学校が法制化されるなど，小中一貫教育は新たな段階に入ったと言えよう。同時に，児童生徒数の急減から学校統廃合の必要性も大きくなり，学校の統廃合を契機として施設一体型小中一貫教育校として新たにスタートするというケースも増加している。一部には，施設一体型小中一貫教育校を学校統廃合の隠れ蓑であるとして批判する論者もあるが，学校がなくなるというピンチを新しいコンセプトの学校を創設することでチャンスに変えるという視点もあり得るだろう。

　本書は，『学校と教師を変える小中一貫教育—教育政策と授業論の観点から—』と題している。小中一貫教育は，学校と教師が変わる契機となり得るというのが我々の立場である。文科省の調査では，取り組みの初期段階では打ち合わせ時間の確保，業務負担増などの課題があることも明らかになった。しかし，それらの課題は，小中一貫教育のねらいを共有し，15歳の子ども像を共有する

ことで十分克服されるものである。課題を克服することで教師と学校は時代環境の変化が求める教育力を持つことができるのである。

　本書は第Ⅰ部「教育政策の観点から」，第Ⅱ部「授業論の観点から」，の二部構成となっている。第Ⅰ部は教育学研究者である西川が，第Ⅱ部は数学研究者である牛瀧が執筆している。第Ⅰ部では，筆者も関わった全国調査の結果をもとにその成果と課題を明らかにした上で，新しい段階に入った小中一貫教育をコミュニティ・スクールや学校統廃合という外在的要因との関係性の中で捉え直し，これからの学校と教師のあり方を考察した。第Ⅱ部では系統性が強く，教科指導の一貫性の観点から研究対象とすることが有効な算数科・数学科を中心に，小中一貫教育によって授業の何がどう変わるのかを具体的に論述している。

　我々は約10年間にわたって共同で小中一貫教育の研究に取り組んできた。その意味では本書は我々の研究の一つの総括としての意味を持つ。2014年12月の中教審答申によって，小中一貫教育は全国的に一層の広がりを見せるだろう。本書が小中一貫教育に取り組む全国の学校関係者にとって一助となることを願ってやまない。

　本書の公刊はナカニシヤ出版からの要望と叱咤がなければ実現しなかった。この場をお借りして心より御礼申し上げます。

2015年5月　　筆者

目　次

はじめに　i

第Ⅰ部　教育政策の観点から

第1章　小中一貫教育の新しい動き ……………………………3
 1.1　小中一貫教育の15年　3
 1.2　教育再生実行会議第5次提言と小中一貫教育　4

第2章　調査から見る小中一貫教育の実態と課題 ……………7
 2.1　文科省小中一貫教育等についての実態調査から　7
 2.2　施設一体型小中一貫校の実態と課題　20
 2.3　施設一体型小中一貫教育校から見る義務教育学校の
   多様性と公正性　30

第3章　小中一貫教育とコミュニティ・スクール ……………33
 3.1　コミュニティ・スクールとは何か　33
 3.2　コミュニティ・スクールのタイプ―関東型と関西型―　37
 3.3　小中一貫教育とコミュニティ・スクール　42

第4章　教育政策としての小中一貫教育 ………………………47
 4.1　課題解決としての小中一貫教育　47
 4.2　学校統廃合と小中一貫教育　49
 4.3　地域とともにある学校づくりと小中一貫教育　51
 4.4　教師の指導力向上と小中一貫教育　52
 4.5　義務教育の多様化と小中一貫教育　53
 4.6　中教審2014年12月答申と小中一貫教育　55

第Ⅱ部　授業論の観点から

第 5 章　第Ⅱ部をはじめるにあたって ……………………………… 61
　　5.1　分数指導の例から　**61**
　　5.2　小中一貫教育と学力向上　**65**

**第 6 章　算数科・数学科における小中一貫教育のための
　　　　カリキュラムづくり** ……………………………………………… 69
　　6.1　小中一貫教育は「中 1 ギャップの解消」に留まるのか　**69**
　　6.2　「教科」の捉え方　**85**
　　6.3　小中一貫での「理数教育」　**86**

第 7 章　算数科・数学科における小中一貫教育のための授業づくり ……… 99
　　7.1　授業のスタイル　**99**
　　7.2　授業づくりへのヒント　**103**

あとがき　**117**
索　　引　**119**

第Ⅰ部
教育政策の観点から

1 小中一貫教育の新しい動き

1.1 小中一貫教育の15年

　今日，全国の自治体で広まりつつある小中一貫教育は，広島県呉市が2000年に文部省研究開発学校の指定を受け（「4・3・2カリキュラムの開発」）五番町小学校，二河小学校，二河中学校の3校で取り組みを始めたことを嚆矢とする。翌2001年には品川区が研究開発学校の指定を受け（「系の学習」）取り組みを進め，基礎自治体，学校現場で小中学校間の接続・連携のあり方が研究対象とされるようになるのはこの時期以降である。

　この2つの地域の取り組みの概要は，西川・牛瀧が2011年に出版した『小中一貫教育の理論と方法』（ナカニシヤ出版）において述べているのでここでは割愛するが，2014年6月に文科省が実施した調査では，全国1743の市区町村のうち小中一貫教育及び小中連携教育を実施している自治体は78％（うち小中一貫教育を実施と回答したのは12％。なお，調査の詳細は後章で述べる）となっている。

　しかし，その取り組み内容は多様であり，というよりバラつきが大きく，前出の文科省調査は小中一貫教育と小中連携教育を定義した上で実施されてはいるが，一貫教育を実施と回答した自治体の中にも内容的には連携レベルに留まるものや，連携教育を実施と回答した自治体の中にも内容的には十分一貫教育のレベルに達しているものも存在することが筆者の追跡調査で明らかになっている。形態的にも，小学校と中学校を一体的なものとして新設，改築して取り組みを進める施設一体型小中一貫教育，小学校，中学校いずれかの施設を併

用して行う施設併用型（小学生の中学校登校を常態化している例を含む），既存の小学校，中学校の施設はそのままで取り組みを進める分離連携型に大別される。なお，文科省の調査では，小中一貫教育の形態を，施設一体型，施設隣接型（隣接する小中学校の校舎を，渡り廊下を設置するなどして，ひとつの学校として運営しているもの），施設分離型，と類別して調査を行っている。

　施設一体型小中一貫教育校は2013年に筆者が朝日新聞と協力して実施した調査では，全国で100校が確認されたが，管理職体制（校長，副校長，教頭の配置）だけでも10のパターンがあることがわかり，形態的にも極めて多様な実態が明らかになっている。なお，2014年6月に文科省が実施した調査では施設一体型小中一貫教育校は148校あるとされる（両調査の詳細は後章で述べる）。

　呉市，品川区の取り組みは当該教育委員会による地域の義務教育の課題，いわゆる中1ギャップ（実際は小学校での様々な取り組みが中学校には全く継承されない中1リセットと言うべきである）や，私立中学校への進学者の増加などへの対応・改善方策として取り組まれたものであった。品川区は学校選択制と平行して小中一貫教育を導入することで，競争原理による公立学校の活性化を目指すという施策を今日まで一貫して展開しているが，この学校選択制を導入するか否かは小中一貫教育の成果と課題に一定の影響を与えている。すなわち，小中一貫教育の進展は制度的には公立小中学校の多様化（施設一体型小中一貫教育校の新設や5－4制の中学校区の開設）をもたらすことになるが，それが何を目的とする多様化なのかが問われなければならない状況が出現しているのである。

　また，近年では児童生徒数の急減による学校統廃合問題が各自治体の大きな教育課題となっている。1中2小の校区が1中1小となることが典型であるが，そのことが，小中一貫教育の広がりの一因となっていることは事実であり，この視点から教育政策としての小中一貫教育のあり方を考察することも今日の重要なテーマとなっている。

1.2　教育再生実行会議第5次提言と小中一貫教育

　2014年7月3日，教育再生実行会議は第5次提言「今後の学制等の在り方に

ついて」を発表した。同提言は,

 1．子供の発達に応じた教育の充実,様々な挑戦を可能にする制度の柔軟化など,新しい時代にふさわしい学制を構築する。

 2．教員免許制度を改革するとともに,社会から尊敬され学び続ける質の高い教師を確保するため,養成や採用,研修等の在り方を見直す。

 3．一人一人の豊かな人生と将来にわたって成長し続ける社会を実現するため,教育を「未来への投資」として重視し,世代を超えて全ての人たちで子供・若者を支える。

という3つの柱から構成されているが,1の（2）の中では,「小中一貫教育を制度化するなど学校段階間の連携,一貫教育を推進する」という節が立てられ,

 〇学校段階間の移行を円滑にする観点から,幼稚園等と小学校,小学校と中学校などの学校間の連携が一層推進されるよう,国は,教育内容等を見直すとともに,地方公共団体及び学校は,教員交流や相互乗り入れ授業等を推進する。特に,今後,拡充が予定されている英語のほか,理科等の指導の充実のため,小学校における専科指導の推進を図る。また,コミュニティ・スクールの導入の促進により,保護者や地域住民の参画と支援の下,より効果的な学校間連携を推進する。

 〇国は,小学校段階から中学校段階までの教育を一貫して行うことができる小中一貫教育学校（仮称）を制度化し,9年間の中で教育課程の区分を4－3－2や5－4のように弾力的に設定するなど柔軟かつ効果的な教育を行うことができるようにする。小中一貫教育学校（仮称）の設置を促進するため,国,地方公共団体は,教職員配置,施設整備についての条件整備や,私立学校に対する支援を行う。

 〇学校が地域社会の核として存在感を発揮しつつ,教育効果を高めていく観点から,国は,学校規模の適正化に向けて指針を示すとともに,地域の実情を適切に踏まえた学校統廃合に対し,教職員配置や施設整備などの財政的な支援において十分な配慮を行う。国及び地方公共団体は,学校統廃合によって生じた財源の活用等によって教育環境の充実に努める。

 〇国は,上記で述べた学校間の連携や一貫教育の成果と課題について,き

め細かく把握・検証するなど，地方公共団体や私立学校における先導的な取組の進捗を踏まえつつ，5－4－3，5－3－4，4－4－4などの新たな学校段階の区切りの在り方について，引き続き検討を行う。

と述べられている。特に，小中一貫教育学校（仮称）の設置の促進や，9年間の中で教育課程の区分を弾力的に設定できるように国，地方公共団体は条件整備を行うべき，という記述は，全国的に展開されている小中一貫教育の状況を一定評価したものであり，その進展を期待するものとなっている。続いて，先導的な取り組みの進捗を踏まえつつ5－4－3，5－3－4，4－4－4などの新たな学校段階の区切りについては引き続き検討を行うと述べ，第5次提言は，義務教育は当面9年間の年限で実施されるが，その教育課程の区切りを基礎自治体，各学校現場で，地域と子どもの実態に合わせて創意工夫をすることを求めていると解するべきであろう。

　2の中では，学制改革に伴い，学校間の連携や一貫教育を推進し，柔軟かつ効果的な教育を行う観点から，教師が学校種を越えて教科等の専門性に応じた指導ができるよう教員免許制度を改革するとともに，専科指導等のための教職員の配置や専門性を持つ人材の活用を図ることが必要，と校種を越えて指導できる新たな教員免許状（例えば義務教育教員免許状の創設）を求めているが，これについては中教審教育養成部会で検討が進められている。確かに小中一貫教育を進める上でのハードルの一つは，教師の「免許の壁」であり，2014年12月に出された中教審小中一貫教育特別部会の答申では，「義務教育学校教員免許」の創設は先送りとなったが，可能な限り早い時期に，小学校，中学校という区切りを越えた，義務教育を指導できる教員の養成を急ぐ必要がある。

2

調査から見る小中一貫教育の実態と課題

2.1 文科省小中一貫教育等についての実態調査から

2.1.1 小中一貫教育の現状

　文科省は2014年夏に教育再生実行会議の第5次提言が出されること踏まえ，小中一貫教育の実態に関する全国調査を企画した。それまで，文科省は小中一貫教育の実態調査を行ったことはなく，その実態把握はほとんどできていなかったのである。

　2014年5月に文科省に，筆者も委員として参加した「小中一貫教育の実態等に関する調査研究協力者会議」が設置され，小中一貫教育に関する初めての全国規模での質問紙調査を実施することになった。同会議では，まず調査対象について議論が進められたが，47都道府県，全市区町村に対する悉皆調査は前提であったが，全国3万校余りの小中学校に対しても悉皆調査を行うべきかどうかで意見は分かれた。議論の結果，時間的，人的制約から小・中学校に関しては一貫教育を実施している学校に限定してその取り組みの実態を回答してもらうという調査方式となった。

　続いて小中一貫教育と小中連携教育の定義が議論となり最終的には，
　　○小中連携教育：小・中学校が互いに情報交換や交流を行うことを通じて，小学校教育から中学校教育への円滑な接続を目指す様々な教育。
　　○小中一貫教育：小中連携教育のうち，小・中学校が目指す子供像を共有し，9年間を通じた教育課程を編成し，系統的な教育を目指す教育。
と定義されることとなった。この定義のポイントは，小中連携教育は当然のこ

ととし，それに加えて9年間を通じた教育課程を編成していることを，連携と一貫との分岐点としたことである．小中一貫教育の先進地域である品川区には「市民科」が設置され，全市で小中一貫教育に取り組んでいる茨城県つくば市では「つくばスタイル科」が設置され，9年間を通じた教育課程を編成している．そのような事例をモデルとし，この定義は決定されたのである．しかし，後章で述べるように，施設一体型小中一貫教育校でさえ9年間を通じた教育課程を特には編成していないと回答したものもあり，この定義が実態を反映した最善のものであるとは言えない．正確には，9年間を通じた教育課程の有無から連携と一貫を区分しようとした定義であるということである．筆者は以前から小中一貫教育を，

> 小中一貫教育とは，小学校教育と中学校教育の独自性と連続性を踏まえた一貫性のある教育を言い，それは第一義的には小中学校9年間の教育課程の構造的理解を通した教師の指導力の向上を目指す取り組みである．

と定義してきたが，それは小中一貫教育の取り組みに消極的な教師が多い現実から，まず教師が成長するための取り組みであることを強調した戦略的定義であったことを付記しておきたい．

　今回の文科省調査は，全市区町村教育委員会対象に作成された質問紙で，まず「小中一貫教育を実施していますか」という問いに，yes，noで回答し，yesと回答したもののみが以下の問いに進み，当該地域の小・中学校にも質問紙が配布され回答するという質問形式となった．そのため，「一貫教育を実施していますか」という問いに対しnoと回答した地域では，個別学校には質問紙すら配布されないという残念な状況さえ生じた．しかし，今回の調査は小中一貫教育の実態調査であり，連携教育と回答した自治体，個別学校の実態調査までは対象を広げることができなかったことも，前述した通り時間的，人的制限から容認せざるを得なかったのである．

　以下，調査結果から重要と思われる点に絞って考察することにする（調査結果が，2014年9月19日第3回中教審小中一貫教育特別部会において配布，公表された）．まず全国の都道府県教育委員会に対して，「小中一貫教育の推進状況

について」尋ねた問いに対しては，①積極的に推進している　4，②積極的な推進を検討している　3，③国の検討や他の都道府県の取組を注視　33，④現時点では特段の取組はない　7，という結果であった。しかし，「小中学校の校長の兼務に伴い校長の定数削減分を小中一貫推進加配として活用している」都道府県は15あり，都道府県レベルでは小中一貫教育を積極的に推進，検討しているものは少ないが，約3分の1の都道府県で，基礎自治体レベルで何らかの取り組みが行われていることがわかる。ここには都道府県教育委員会が義務教育にどの程度関与するのかという基本的な課題が存する。近年，義務教育は設置・管理義務がある市区町村の自主性と主体性を尊重するということを根拠に，関与の度合いを弱める，あるいは「丸投げ」に近い都道府県教育委員会が多く見られる。小中一貫教育，及び義務教育の課題を改善する上で都道府県教育委員会と市区町村教育委員会の協力関係のあり方は今後十分研究される必要があろう。

　全国1743の市区町村教育委員会に対して「小中一貫教育，小中連携教育の実施状況」を尋ねた問いに対しては，①小中一貫教育を実施している　12％，②小中連携教育のみ実施している　66％，③実施なし　22％，という結果であった。現時点で小中一貫教育を実施している市区町村は全体の1割強ということになるが，小中一貫教育を実施していない市区町村（1532）に対して今後の計画を尋ねた問いに対しても，①今後実施予定　4％，②実施を検討中　7％，③国・他市町村の状況注視　29％，④特段の取組なし　60％，という結果であり，この2つの問いの回答結果からは，現時点では小中一貫教育は全国的に広く展開されているという段階ではなく，一部の自治体において推進されているという状況であると言うべきだろう。

　小中一貫教育を実施していると回答した市区町村の実数は211（全体の12％）であったが，当該自治体が設置・管理する学校のうち小中一貫教育に取り組んでいるという1130の中学校区から回答があった。その詳細は，中学校1140校，小学校2281校であった（ごく一部に，複数の中学校と複数の小学校での取り組みもあるため，中学校数が1140となっている）。調査では中学校区毎に代表校を選出しその代表校に回答を依頼した。

　取り組みの形態としては，施設一体型校舎13％，施設分離型78％，施設隣接

型5％，その他4％という回答状況であった。学年の区切りでは，4・3・2が26％，6・3制が72％，5・4制，5・2・2制などを合わせて4％であり，小中一貫教育開始からの経過年数では3年以下というものが54％であり，この取り組みはまだその端緒にあると言うことができる。

　表2-1は，小中一貫教育を実施していると回答した市区町村（実数211）の人口規模を示すものである。表からは，人口5万以上20万未満の自治体が全体の36％を占めていることがわかるが，同時に，人口2万人未満の小規模自治体における取り組みが全体の31％を占めていることが注目される。

表2-1　小中一貫教育実施市区町村の人口規模

100万人以上	3％
80万人以上〜100万人未満	1％
50万人以上〜80万人未満	3％
30万人以上〜50万人未満	6％
20万人以上〜30万人未満	9％
10万人以上〜20万人未満	17％
5万人以上〜10万人未満	19％
2万人以上〜5万人未満	12％
1万人以上〜2万人未満	7％
5千人以上〜1万人未満	11％
5千人未満	13％

　今日では，学校統廃合問題は必ずしも小規模自治体固有の課題ではないが，やはり小規模自治体では喫緊の課題とも言える状況にあり，学校統廃合問題と小中一貫教育の導入・推進とは一定の相関があることが推察できる。市区町村域内での小中一貫教育の実施割合は，①市区町村全域で実施している　49％，②市区町村の1割以下程度の学校で実施　27％，③市区町村の2〜3割で実施　19％，となっている。当該市区町村の小中一貫教育の取組に含まれる学校の構成は表2-2に示す通りである。

　表からは，2〜3の小学校とひとつの中学校で取り組まれているものが全体の59％を占め，いわゆる1小1中の取り組みの2倍近くに及ぶことがわかる。つまり今日の小中一貫教育は，ひとつの中学校と複数の小学校が既存の施設のままで取り組む分離型が主流であるということである。

表2-2　小中一貫教育の取組に含まれる学校の構成

1小学校＋1中学校	33％
2小学校＋1中学校	39％
3小学校＋1中学校	20％
4小学校以上＋1中学校	7％
1小学校＋2中学校	1％未満
1小学校＋3中学校以上	0％
その他	1％

　次に小中一貫教育の実施と学校選択制を尋ねた問いに対しては，実施している自治体の71％は学校選択制を導入しておらず，①自由選択制を導入している6％，②特認校制を導入している　10％，③隣接区域選択制を導入している7％，という結果であった。学校選択制導入の有無は，小中一貫教育実施によって顕在化する「義務教育の多様化」の意味付けに大きな影響を持つ。例えば京都市では学校選択制を導入せず通学区を残したまま，4－3－2制の施設一体型小中一貫教育校を4校開設し，5－4制の中学区も2つある（2015年1月現在）。これらの学校は公立学校でありながら施設的には最新のものであり，他の公立小中学校をハード面では大きく凌駕していることは事実である。このことを義務教育の平等化の観点から問題視し，施設一体型小中一貫教育校は就学先指定から外す，つまり選択対象とすべきという意見もある。しかし，京都市では公正性（equity）の観点から，必要な地域に必要な投資を行った「結果としての多様化」であると説明している。逆に，東京都などで散見される学校選択制を導入した上での施設一体型小中一貫教育校は，卓越性（excellence）を目指す施策となり，一部の保護者の選択権のみを広げ，競争の中で教職員の多忙感を大きくしているという批判は妥当であると思われる（詳細は後述）。

　次に，小中一貫教育の取り組みにおける学校の組織マネジメントについて尋ねた調査結果を引用しながら考察する。今回の調査では，小中一貫教育を実施している学校の施設形態は，施設一体型148（13％），施設隣接型59（5％），施設分離型882（78％）であったが，表2-3は，個々の形態における校長の体制を尋ねたものである。まず施設一体型では全体の76％が校長は1人であると回答しているが，施設一体型でも24％は学校毎に校長がいることがわかる。小中一貫教育の取り組みの78％を占める施設分離型では，ほぼ全てで学校毎に校

表2-3　小中一貫教育実施校における校長の体制

	1人の校長が小中学校を兼務している	学校毎に校長がいるが, 責任者が決まっている	学校毎に校長がおり, 適宜連携を図っている	全体
施設一体型	112（76%）	9（6%）	27（18%）	148
施設隣接型	7（12%）	8（14%）	44（75%）	59
施設分離型	4（0%）	91（10%）	787（89%）	882
その他	8（20%）	7（17%）	26（63%）	41
全体	131（12%）	115（10%）	884（78%）	1130

表2-4　小・中学校の合同会議の実施頻度（施設形態別）

	施設一体型	施設隣接型	施設分離型
週に1回程度	38%	4%	1%
月に1回程度	43%	57%	29%
学期に1回程度	9%	31%	56%
その他	10%	7%	13%
計	100%	100%	100%

長が配置されている。

　小中一貫教育における管理職体制（校長，副校長，教頭の配置）は機能面からだけではなく，小中一貫教育を制度化するという観点からも検討を要する事項であるが，実態として多数を占める分離型で小中一貫教育に取り組む学校における管理職体制のあり方はとりわけ重要な課題であり，後章で詳しく述べるように中教審小中一貫教育特別部会でも議論となった。

　小中一貫教育の取り組みにおいて小・中学校間の合同会議や職員会議の実施は不可欠なものと考えられるが小・中学校の合同職員会議を開催しているものは，施設一体型では84%あるのに対し，分離型では3%に留まっている。校長体制別では，1人校長では95%が合同職員会議を実施しているのに対し，逆に学校毎に校長がいる場合は，合同職員会議は96%が実施できていないことがわかった。小・中学校の合同会議を継続的に実施しているかどうかの問いに対する回答を示したものが表2-4である。表からは，施設一体型では週1回程度

と月1回程度を合わせると81％に達しているのに対し，分離型では30％に留まる。施設分離型では学期に1回程度しか開催できていないものが56％あり，施設形態の違いによる課題が明確となっていることがわかる。

同様に，小，中学校の年間行事予定表等の作成状況では施設一体型では85％が作成しているのに対し，分離型では27％に留まっている。学校間の会議が少ないから当然ではあるが，分離型で小中一貫教育の取り組みを進めるためには何らかの具体的制度化の提案が必要であると考えられる。

筆者は，小中一貫教育とは，小学校と中学校の教育課程の構造的理解を踏まえた一貫性のある教育を言うのであり，それは教師の指導力向上から始まると繰り返し述べてきたが，その中心となるのが小・中学校教員相互の授業参観(公開授業)の常態化である。調査では小・中学校教員の授業参観の計画的・継続的実施の状況について尋ねたが，その結果は施設一体型で95％，分離型でも89％が実施していると回答し有意差は見られなかった。しかし，その頻度については表2-5に示すように施設形態との間に一定の相関が見られた。

表2-5 小，中学校教員相互授業参観の頻度

	施設一体型	施設隣接型	施設分離型
週に1回程度	5％	0％	1％
月に1回程度	32％	17％	6％
学期に1回程度	48％	70％	71％

表が示すように施設一体型では37％が週1回または月1回授業参観を実施しているのに対し，分離型では7％に過ぎない。分離型の71％は学期に1回程度と回答しているが筆者の追調査によれば，年1回程度の授業参観を実施するのが精一杯という学校も多いことがわかった。既に述べたように実施形態と取り組み内容には一定の相関があるが，学校現場・市区町村教育行政担当者の中には，施設環境が取り組みの進展を規定するといった思い（諦め）が見られることこそが課題である。全国的には施設分離型で大きな成果を上げている地域もあり，そこでどのような工夫がなされているかが共有されることが必要であろう。同時に文科省でも施設分離型で成果を上げるための支援的制度整備が早急

になされる必要があるのである。

　実際に小中一貫教育を進めるにあたっては，小・中学校教員による乗り入れ授業が具体的方策となる。調査では小中一貫教育を推進していると回答した1130の中学校区に対して，小・中学校教員による乗り入れ授業の実施状況を尋ねたが，中学校教員が小学校で実施39％，小・中学校教員が相互に乗り入れ授業を実施21％，小学校教員が中学校で乗り入れ授業を実施1％未満，実施していない39％という結果であった。小中一貫教育を推進している学校のうちほぼ6割に当たる学校で乗り入れ授業が実施されていることになるが，4割の学校では乗り入れ授業は行われていないということになる。

　筆者の調査によれば，「いきいき teacher（大阪府）」，「巡回教員（北海道）」等の名称で多くの地域で乗り入れ授業を実施するための方策が取られているが，異校種で授業を担当する教員には移動時間等の物理的負担が大きく，そのための支援策（あと補充）として講師等を市単費で任用している地域は極めて稀である。そのため1小1中の校区ならまだしも，小学校が複数校ある場合は，小学校で授業をする中学教員の負担は非常に大きくなる。結果として，乗り入れ授業は年間を通して実施することは難しく，ある時期に，例えば11月第3週に中学教員が小学校を訪問して授業を行うというイベントとなっていることが多い。

　スタート当初はこのイベントも目的を持って行われるが数年経過すると，授業者も授業を受ける側もその意味が曖昧になり，中学校の授業スタイルを小学生に経験させるレベルのものになっていることが多い。筆者はそれを，交流に始まりイベントに終わる小中一貫教育と呼んでいるが，それは関係者の意欲のなさや無理解から生じているものではなく，移動等に伴う物理的制約が大きいためである。北海道の巡回教員等は研究指定に伴う加配という形式で実施されることもあるが，その場合は小中一貫教育は「異校種で授業を行う教員の仕事」となってしまうことも少なくない。中学校の教員が6年生の授業を（多くは TT の形態）担当してはいるが，小学校では他の学年の担任にはその取り組みがほとんど周知されず，当該教員は6年生の実態を直に感じ取り，教員としての成長を感じているのだが，それを勤務する中学校の他の教員に伝え，学び合うという機会は全くと言っていいほど設けられていない。この相互乗り入れ授業を

内容のあるものとするためには，中学校区を「○○学園」といった地域学校経営の視点で制度化し，そこに勤務する教員には他の学校で授業する場合も正規の担当コマ数としてカウントするなどといった配慮が必要であろう．

　小・中学校の教員が授業を通して学び合い，互いに教師としての指導力を高め，わかる授業を実践し，その結果子どもが授業に向き合い，学力が向上するというのが小中一貫教育の基本的なねらいであるが，前述したように現時点では教員が異なる学校に出向いて授業を行うことには物理的制約が大きい．そこでいくつかの地域では小学生が中学校へ登校し，中学校で授業を受ける「中学登校」という取り組みが進められている．京都市立御池中学校区は高倉小学校，御所南小学校の2小1中の校区であるが（2017年には春日小学校が新設され3小1中の校区となる），2つの小学校の6年生は4月から中学校で学んでいる．担任の教員も机を中学の職員室に置き，中学校で授業を行う，いわゆる5－4制の中学校区である．きっかけは小学校の収容能力を超えた児童が入学することが予測されたことによる「アイデア」でもあったが，その教育効果は，とりわけ下級生が増えたことによる中3生の成長は目覚ましいものがあった．大阪府吹田市の千里みらい夢学園（正式名称は，竹見台中学校，千里たけみ小学校，桃山台小学校）では，毎週金曜日は小学校6年生が朝から中学校で学ぶ中学登校を実施している（平成26年度は年間20回）．竹見台中学校は1970年代の人口急増期に開設された学校であるが，現在では生徒数が急減し空き教室どころか空き校舎が存在している．そのスペースを利用して6年生が中学校で学んでいるのである．これらの取り組みは中学教師が移動せずに6年生と接することができ，空き時間を工夫すれば中学教員が6年生を直接指導することも可能である．加えて，小・小連携も容易であり，例えば道徳や総合は学校を超えてクラスを再編し進めることもできる，1年間で2つの小学校の子どもたちは互いに知り合うことができるのである（これらの取り組みの詳細は，拙著『小中一貫（連携）教育の理論と方法』を参照）．

　施設分離型では教員が移動して授業を行う乗り入れ授業がまず構想されるが，実際は物理的制約が大きく成果に至っていない場合が多い．逆に6年生の中学登校は教師の負担はさほど大きくなく，小・小連携を始め，目覚ましい成果に繋がっている事例が多い．逆転の発想とも言える中学登校が，分離型での

小中一貫教育推進の一つの鍵となるのではないだろうか。

2.1.2 小中一貫教育の成果と課題

調査では，小中一貫教育の取り組んでいると回答した1130の中学校区にその成果について回答を得ている。その結果は表2-6に示す通りである。取り組みの成果としては，「中学への進学に不安を覚える児童が減少した」に全体の90％が肯定回答を寄せ，次いで「いわゆる中１ギャップが緩和された」も89％が肯定している。この２項目は児童の変化であるが，「小・中学校の教職員間で互いの良さを取り入れる意識が高まった」89％，「小・中学校の教職員間で協力して指導にあたる意識が高まった」85％，「小中学校共通で実践する取組が増えた」79％と，教職員の変化にも高い肯定回答が寄せられている。他にも「小学校教員の間で基礎学力保障の必要性に対する意識が高まった」82％，「小・中学校の指導内容の系統性について教職員の理解が深まった」78％，「上級生が下級生の手本となろうとする意識が高まった」75％などが高い肯定率を示している。「全国学力・学習状況調査の結果が向上した」「都道府県又は市町村独自の学力調査の結果が向上した」という客観的数字で示される項目でも，それぞれ42％，45％の肯定回答が寄せられている。

施設形態と小中一貫教育の総合評価との相関では，「大きな成果あり」「成果あり」と答えたのは施設一体型では98％，施設隣接型では90％，分離型では86％であった。「全国学力・学習状況調査の結果が向上した」に対しては，施設一体型の63％，隣接型の40％，分離型の38％が「大きな成果あり」「成果あり」と答え，「いじめの問題等が減少した」に対しても，施設一体型の78％，隣接型の59％，分離型の54％が「大きな成果があった」「成果があった」と回答している。調査結果が示すように，施設一体型での小中一貫教育の取り組みの成果が他の形態よりもより強く実感されていることがわかる。

表2-7は小中一貫教育の課題について尋ねた項目に対する回答結果を示すものである。課題として最も高い肯定率を示したのは，「教職員の負担感・多忙感の解消」95％であり，次いで「小中の教職員間での打ち合わせ時間の確保」82％，「小中合同の研修時間の確保」75％と続く。この結果からは，小中一貫教育の課題は，実は教職員の課題であるということがわかる。「教職員間の負

2.1 文科省小中一貫教育等についての実態調査から   17

表2-6 小中一貫教育の成果

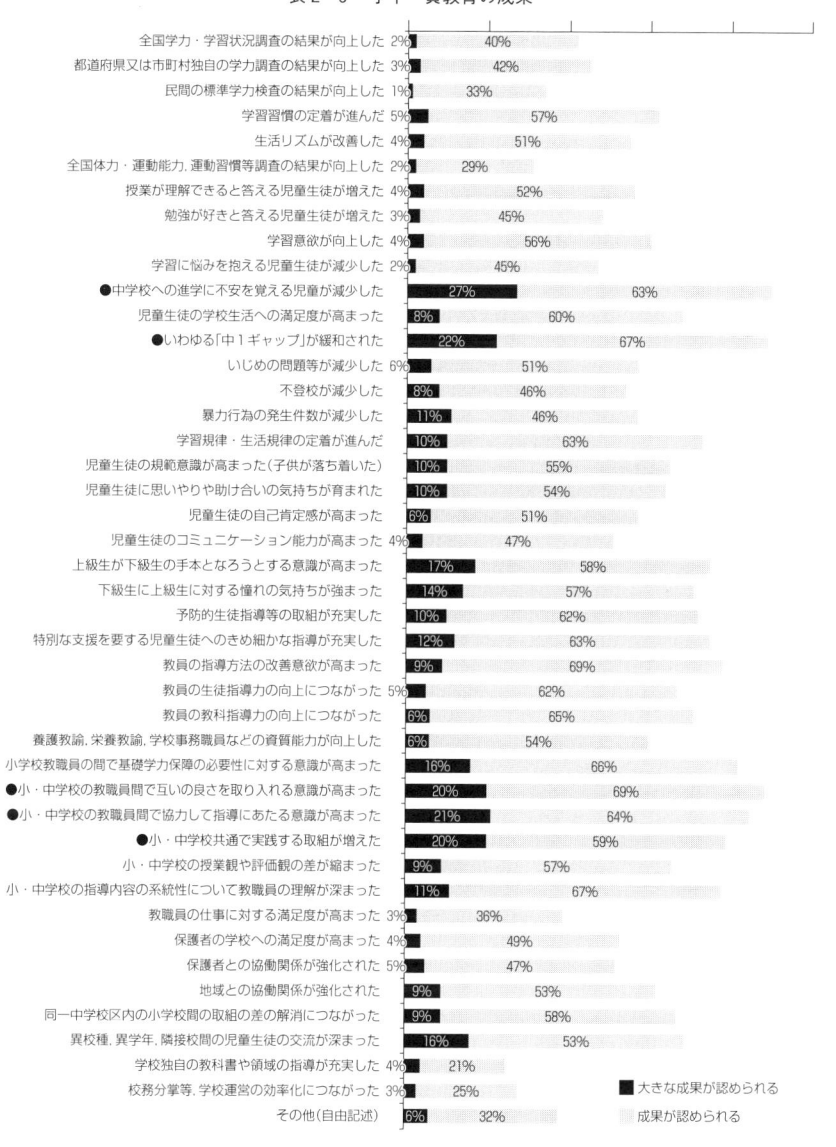

項目	大きな成果が認められる	成果が認められる
全国学力・学習状況調査の結果が向上した	2%	40%
都道府県又は市町村独自の学力調査の結果が向上した	3%	42%
民間の標準学力検査の結果が向上した	1%	33%
学習習慣の定着が進んだ	5%	57%
生活リズムが改善した	4%	51%
全国体力・運動能力,運動習慣等調査の結果が向上した	2%	29%
授業が理解できると答える児童生徒が増えた	4%	52%
勉強が好きと答える児童生徒が増えた	3%	45%
学習意欲が向上した	4%	56%
学習に悩みを抱える児童生徒が減少した	2%	45%
●中学校への進学に不安を覚える児童が減少した	27%	63%
児童生徒の学校生活への満足度が高まった	8%	60%
●いわゆる「中1ギャップ」が緩和された	22%	67%
いじめの問題等が減少した	6%	51%
不登校が減少した	8%	46%
暴力行為の発生件数が減少した	11%	46%
学習規律・生活規律の定着が進んだ	10%	63%
児童生徒の規範意識が高まった(子供が落ち着いた)	10%	55%
児童生徒に思いやりや助け合いの気持ちが育まれた	10%	54%
児童生徒の自己肯定感が高まった	6%	51%
児童生徒のコミュニケーション能力が高まった	4%	47%
上級生が下級生の手本となろうとする意識が高まった	17%	58%
下級生に上級生に対する憧れの気持ちが強まった	14%	57%
予防的生徒指導等の取組が充実した	10%	62%
特別な支援を要する児童生徒へのきめ細かな指導が充実した	12%	63%
教員の指導方法の改善意欲が高まった	9%	69%
教員の生徒指導力の向上につながった	5%	62%
教員の教科指導力の向上につながった	6%	65%
養護教諭,栄養教諭,学校事務職員などの資質能力が向上した	6%	54%
小学校教職員の間で基礎学力保障の必要性に対する意識が高まった	16%	66%
●小・中学校の教職員間で互いの良さを取り入れる意識が高まった	20%	69%
●小・中学校の教職員間で協力して指導にあたる意識が高まった	21%	64%
●小・中学校共通で実践する取組が増えた	20%	59%
小・中学校の授業観や評価観の差が縮まった	9%	57%
小・中学校の指導内容の系統性について教職員の理解が深まった	11%	67%
教職員の仕事に対する満足度が高まった	3%	36%
保護者の学校への満足度が高まった	4%	49%
保護者との協働関係が強化された	5%	47%
地域との協働関係が強化された	9%	53%
同一中学校区内の小学校間の取組の差の解消につながった	9%	58%
異校種,異学年,隣接校間の児童生徒の交流が深まった	16%	53%
学校独自の教科書や領域の指導が充実した	4%	21%
校務分掌等,学校運営の効率化につながった	3%	25%
その他(自由記述)	6%	32%

N=1130(小中一貫教育実施件数)   ※「大きな成果が認められる」の回答が特に多い項目については●で示している。

表2-7　小中一貫教育の課題

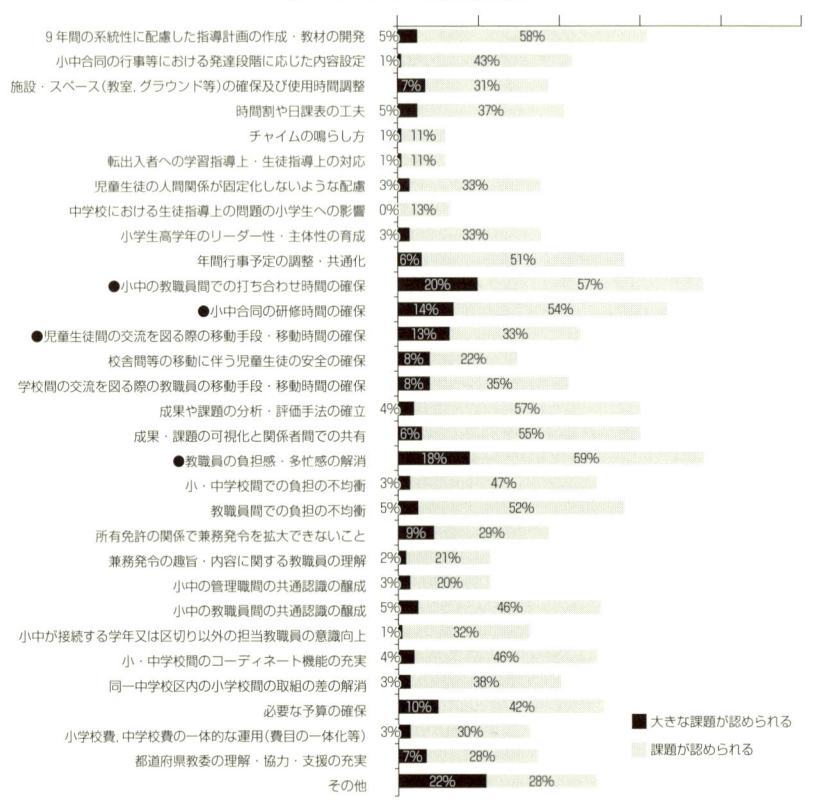

項目	大きな課題が認められる	課題が認められる
9年間の系統性に配慮した指導計画の作成・教材の開発	5%	58%
小中合同の行事等における発達段階に応じた内容設定	1%	43%
施設・スペース(教室,グラウンド等)の確保及び使用時間調整	7%	31%
時間割や日課表の工夫	5%	37%
チャイムの鳴らし方	1%	11%
転出入者への学習指導上・生徒指導上の対応	1%	11%
児童生徒の人間関係が固定化しないような配慮	3%	33%
中学校における生徒指導上の問題の小学生への影響	0%	13%
小学生高学年のリーダー性・主体性の育成	3%	33%
年間行事予定の調整・共通化	6%	51%
●小中の教職員間での打ち合わせ時間の確保	20%	57%
●小中合同の研修時間の確保	14%	54%
●児童生徒間の交流を図る際の移動手段・移動時間の確保	13%	33%
校舎間等の移動に伴う児童生徒の安全の確保	8%	22%
学校間の交流を図る際の教職員の移動手段・移動時間の確保	8%	35%
成果や課題の分析・評価手法の確立	4%	57%
成果・課題の可視化と関係者間での共有	6%	55%
●教職員の負担感・多忙感の解消	18%	59%
小・中学校間での負担の不均衡	3%	47%
教職員間での負担の不均衡	5%	52%
所有免許の関係で兼務発令を拡大できないこと	9%	29%
兼務発令の趣旨・内容に関する教職員の理解	2%	21%
小中の管理職間の共通認識の醸成	3%	20%
小中の教職員間の共通認識の醸成	5%	46%
小中が接続する学年又は区切り以外の担当教職員の意識向上	1%	32%
小・中学校間のコーディネート機能の充実	4%	46%
同一中学校区内の小学校間の取組の差の解消	3%	38%
必要な予算の確保	10%	42%
小学校費,中学校費の一体的な運用(費目の一体化等)	3%	30%
都道府県教委の理解・協力・支援の充実	7%	28%
その他	22%	28%

N=211(小中一貫教育実施市区町村)　　※「大きな課題が認められる」の回答が特に多い項目については●で示している。

担の不均衡」にも66％の肯定回答が寄せられており，小中一貫教育を実施するにあたっての最大の課題は，打ち合わせを始めとするミーティングタイムの確保，特定の教員に負担がかかることのないシステムをどう構築するかということにあると言えよう。

　言うまでもなく施設一体型では合同会議や打ち合わせに要する物理的負担は小さくなる。分離型ではその負担感が多忙感に繋がっていることは容易に想像でき，分離型での人的補償（インセンティブ）をどのように制度化するかが重要な政策課題となる。学校が国に対して期待する取り組みを尋ねた問いに対す

る回答結果は，①教職員定数上の措置　93％，②学校施設整備の財政措置　67％，③教育課程・指導方法面での好事例の収集・普及　52％，④教員免許制度の改善　45％，⑤施設整備・運用面での好事例の収集・普及　38％，という結果であり，現場では人的・財政的措置が求められていることが明白である。

　施設形態と課題の相関では，「児童生徒の人間関係が固定化しないような配慮」に「大きな課題あり」「課題あり」と回答したものが，分離型では33％であったのに対し，隣接型では47％，施設一体型では53％となっていた。この数値から，施設一体型では人間関係の固定が問題となっていると論評する論者もいるが，実際には従来の6－3制にはない配慮・工夫が必要という認識があることを示すものであり，既に多くの施設一体型小中一貫教育校では，異学年交流を常態化したり，きょうだい学年を設定したりして課題の解決に努力している。その努力こそが，小学校と中学校が別のものという意識を越えて，義務教育9年間で子どもを育てるという取り組みにつながっているのである。

　調査では，取り組み内容と成果項目とのクロス集計を行ったが，その結果はおおむね以下のような傾向を示すものであった。

　　①経過年数が長い取り組みの方が多くの成果を認識している。
　　②教科担任制を導入している取り組みの方が多くの成果を認識している。
　　③乗り入れ授業を実施している取り組みの方が多くの成果を認識している。
　　④一人の校長がマネジメントしている取り組みの方が多くの成果を認識している。
　　⑤現行の6－3制の中で6－3制とは異なる学年段階の区切り（特に4－3－2制）を導入している取り組みの方が多くの成果を認識している。
　　⑥9年間の教育目標を定め各教科別に9年間のカリキュラム編成に至っている取り組みの方が多くの成果を認識している。
　　⑦施設分離型よりは施設隣接型，施設隣接型よりは施設一体型の方が，より多くの成果を認識している。

　経験年数の長い取り組みの方が多くの成果を認識しているということは，この取り組みが大きな可能性を持つものであることを示している。また，学校段階の区切りも，従来の6－3制が唯一絶対的なものではなく，4－3－2や5

－2－2などの区切りも，義務教育を9年間のスパンで捉えることによって，学校現場の創意工夫に基づく裁量が発揮できることも意味している。

2.2 施設一体型小中一貫校の実態と課題

2.2.1 施設一体型小中一貫教育校の概要（2013年調査から）

　2014年6月の文科省の全国調査では，小中一貫教育に取り組む学校の形態を，施設一体型，施設隣接型，分離型と類型化して実施されていたことは既に述べた通りである。その中でも施設一体型小中一貫教育校は小中一貫教育の象徴的なものである。しかし，全国的な施設一体型小中一貫教育校の実態はこれまで学会レベルでも報告されたことはなかった。それは施策自体が展開途上であるということに加えて，その定義，教育委員会内部の担当部署なども多様であることが大きな原因となっている。

　筆者は全国で小中一貫教育の推進を目的として設置されている施設一体型小中一貫教育校の実態を調査することは，小中一貫教育の研究に留まらず，6－3制の学校制度の今後の改革の方向性，そして何よりも公立義務教育における多様性の有り様を考察する上で不可欠と判断し，この問題に関心を寄せていた朝日新聞社と協力して質問紙調査を実施することにした。

　調査は筆者が質問紙の概要を設定し，朝日新聞社が配布・集計を行うという形態で2013年8～9月に実施し，結果の概要は朝日新聞2013年10月24日，31日付けの朝刊に掲載されている。調査ではまず施設一体型小中一貫教育校をどう定義するかが重大な問題であった。周知の通り，我が国には同一敷地内に設置されている小・中学校や，同一校舎内に設置されている小・中学校もある。今回の調査では，調査対象を小中一貫教育の推進を目的として開設されている学校に限定するために，その条件として「同一敷地内にあり，施設が日常的に小中学校で共有されており，9年間の一貫した教育課程を有している」学校とした。

　調査対象の定義（条件）は定めたが次はどのようなルートで配布するかという問題に直面した。全国小中一貫教育サミットの事務局でもある品川区教育委員会に打診したが，同委員会も全国の実態は把握していないことがわかった。

そこで全国47都道府県の教育委員会に電話連絡し，各都道府県における施設一体型小中一貫教育校の開設状況について尋ねた。しかし「義務教育は市町村の自主性に委ねており，都教育委員会としては詳細は把握していない」という東京都教育委員会の回答に代表されるように，都道府県教育委員会は施設一体型小中一貫教育校についてはほとんど把握していない事実が明らかになった。

このことは実は我が国の義務教育の重要な課題でもある。現行法では義務教育学校の設置管理の義務は市区町村にあり，都道府県教育委員会は義務教育費国庫負担法に基づいて教職員の給与の一部を負担し，市町村教育委員会の内申を待って県費負担教職員の任免その他の進退を行うものとされるが（地教行法第38条），実際には校長の任用などにおいてはほぼ市町村教育委員会の意向通りに決定される場合もあり，関西の一部の市教委のように「校長を決めるのは市教委です」と断言するところもある。もちろん，義務教育学校の管理職の任免に際し，内申前に事前相談を行うことによって一定の影響力を行使している県や，山口県のように県教委が積極的に市町村教委を「支援」する県もあるが，基本的には義務教育は「市町村の担当」なのである。そのことは市町村の自主性，主体性を尊重するという建前から言えば評価される側面もあるが，現実には市町村にお任せ（丸投げ？）という事態も生じつつある。結果として，小規模基礎自治体ではいじめ事件のような問題に対して危機対応が遅れるという事態も発生するのである。

筆者らの調査では全国全ての基礎自治体に対して施設一体型小中一貫教育校の設置の有無を確認することは不可能と判断し，47都道府県教育委員会の義務教育担当部署に電話での問い合わせを行い，個別に対象を抽出していった。この作業も膨大な時間を要した。例えば大阪府教育委員会には義務教育を所管する市町村教育室が存在するが，施設一体型小中一貫教育校を所管しているのは委員会内に特例的に設置されている「学力向上チーム」であった。つまり大阪府では施設一体型小中一貫教育校は学力向上策の具体として位置づけられているのである。ともあれ調査対象校の抽出から困難を極めたのが施設一体型小中一貫教育校調査であった。

2013年の調査では，都道府県・政令指定都市教育委員会を介して市町村教育委員会に確認を取り，施設一体型小中一貫教育校としての条件をクリアしてい

る学校宛に質問紙を送付した。問1では「小中一貫したカリキュラムを導入した教育を行っている学校であること」の確認を行ったが、その結果は表2-8に示す通りであり、全国100校の施設一体型小中一貫教育校から回答を得ることができた。

表2-8　全国の施設一体型小中一貫教育校設置状況（2013年10月時点）

青森県3	宮城県1	福島県2	茨城県2	新潟県1	長野県1	石川県1	岐阜県1
千葉県2	愛知県1	奈良県3	滋賀県1	京都府2	大阪府2	香川県1	高知県2
愛媛県1	島根県1	広島県9	鳥取県2	大分県2	福岡県4	佐賀県6	宮崎県12
熊本県3	長崎県2	鹿児島県3	沖縄県1	横浜市1	浜松市1	名古屋市1	京都市4
大阪市1	堺市2	東京都18					

　2014年6月の文科省調査では148の施設一体型小中一貫教育校から回答を得ているが、2013年から1年間で48校も増えたのではなく、これは質問紙調査の限界からの誤差であると言える。具体的には、文科省調査で施設一体型と回答している秋田県岩見三内小・中学校は、2つの学校が隣接しているものであり、正確には施設隣接型に含めるべきかもしれない。また2013年調査では宮城県には登米市立豊里小中学校1校しか開設されていないことになるが、文科省調査では、2つの学校が廊下で繋がっている（厳密にはこれも隣接型）同市立新田小学校と新田中学校も施設一体型として回答を寄せている。さらに筆者らの調査では対象を公立小中学校に限定したが、文科省調査では北海道教育大学附属札幌校や新潟大学教育学部附属小中学校も回答を寄せており、数値上の誤差が生じる一因ともなっている。しかし、実態を考察するには十分なサンプル数を得ていること、また筆者らの調査は施設一体型小中一貫教育校に対象を限定したため、文科省調査より詳細な質問と回答が得られているため、以下筆者らが行った2013年調査を中心に考察を進める。

　表2-8からは、東北地方には開設が少なく（岩手県、山形県、秋田県には開設されていない）、北関東にも開設数は少ない（群馬県、栃木県、埼玉県は0校）ことがわかる。それに対して九州地方では宮崎県の12校をはじめ、数多くの施設一体型小中一貫教育校が開設されていることがわかる。文科省の学

習・学力等状況調査で好成績をあげる秋田県，福井県，富山県には開設されていない。これらの県は，文科省が重要課題として進展させようとしている「地域とともにある学校（具体的にはコミュニティ・スクール）」も開設されておらず，独自の教育政策を実施していると判断される。

　一般的には施設一体型小中一貫教育校として理解されることが多い兵庫県姫路市の白鷺学園は，県教委，市教委とも「施設一体型ではない」という判断であった（兵庫県は0となる）。それは前述したように，同学園は2人校長制で職員室も別にあることから「施設隣接型」であるという判断によるものであることを追調査で確認した。それに対して滋賀県の1は高島市立高島学園であるが，外観的には体育館を中央に設置してそれを小中学生が共有する施設併用型と見えるが，校長が1人であることから県教委，市教委とも「施設一体型」という判断であることがわかった。ちなみに白鷺学園，高島学園とも文科省調査には回答を寄せていないが，その理由は「9年間一貫した教育課程を有していない」からであったことが筆者の追調査で明らかになった。

　表2-8からは，施設一体型小中一貫教育校の開設状況には地域差があるということが読み取れるが，その理由については今回の調査からは明らかにすることはできなかった。一般的には，施設一体型小中一貫教育校に対する県教委，市教委の見解（実際には教育長の見解）の違い，職員団体の意向，学校統廃合の進捗状況などが要因として考えられるが，行政担当者への面談追調査でも明確な根拠は見いだされなかった。それは後述するように，施設一体型小中一貫教育校の開設理由（設置目的）が多様であり，未設置の理由も同じように多様だからでもある。

　回答を得た100校のうち，66校が2010年以降に開設されたものであり，このタイプの学校は極めて新しい取り組みであることが確認され，今後も増加することが予想される。質問紙では「開校に至る経緯」について尋ねたが，用意した7つの選択肢に対しては，「公立学校の多様化を推進するために計画された」44校，「学校選択制と平行して計画された」12校，「統廃合計画の中で計画された」52校，「首長の公約」16校，「児童生徒の増加に対応するために計画された（新設及び既設校に付設を含む）」10校，「町おこしの核として計画された」21校，「その他」21校という回答結果となった（複数回答可）。

回答では，「統廃合計画の中で計画された」というものが最も多く，ついで「公立学校の多様化を推進するために計画された」となっている。例えば，2小1中の校区で小学校が統合され1小1中となる校区で，それをきっかけに校舎を改築または新築して施設一体型小中一貫教育校を開設している地域は多いということである。京都市立の4校の施設一体型小中一貫教育校は，全て児童生徒数の減少を主たる要因として新設されたものである。

2014年の文科省調査では，小中一貫教育に取り組んでいる1130の中学校区に対して「小中一貫教育推進の主なねらい」として11項目をあげ回答を求めているが，その結果は，「学習指導上の成果を上げる」95％，「中1ギャップの緩和など生徒指導上の成果を上げる」98％，「子供の発達の早期化への対応」17％，「異学年交流の促進」63％，「教員の指導力の向上」77％，「9年間を通して児童生徒を育てるという教職員の意識改革」92％，「特別支援教育における学校間の連携・協力体制の強化」48％，「保護者との協働関係の強化」30％，「地域との協働関係の強化」42％，「教育活動の充実の視点から一定規模の児童生徒数の確保」13％，「特色ある学校づくりを進める」49％，というものであった。筆者らの調査で開校に至る経緯について，「統廃合計画の中で計画された」と回答したものが52校（52％）あったのに対し，文科省調査では統廃合が連想される「教育活動の充実の視点から一定規模の児童生徒数の確保」に肯定回答を寄せたものが13％であったという数値差は，学校統廃合は開校に至る経緯の一つではあるが，小中一貫教育推進の主なねらいとは考えられていないと解するべきであろう。

筆者らの調査では「その他」を選択した学校にはその理由を具体的に記述することを求めたがそれらを以下に示す。

○学力向上を目指す（青森・三戸学園，宮城・登米市立豊里小中）
○中1ギャップの解消を目指す（三戸学園，福岡・宗像市立大島小中）
○豊かな心の育成（青森・三戸学園，つくば市立春日小中）
○子どもの数の減少（福島・檜枝岐小中，鳥取市立湖南学園，長崎・小値賀小中）
○自治体が小中一貫校を進めている（新潟・三条市立一ノ木戸小・第二中，京都・宇治黄檗学園，島根・松江市立八束学園）
○地域貢献の人材育成（宮崎・美郷町郷南学園）

○耐震化のため（宮崎・美郷町郷南学園）
○児童数の減少に伴い，中学校との一貫を行った方が効果があがる（熊本・宇城市産山村立産山小中）
○9年で知徳体の土台をしっかり築く（熊本・小国町小国小中）
○少子化対策だけでなく男女のアンバランス，施設の更新があいまって3学区がまとまって要望書を出した（京都市立凌風小中）
○9年間を見通した児童生徒の育成を目指す区の施策として（港区立お台場学園）
○区のビジョンの一つの施策として（葛飾区立新小岩学園）
○区長の政策の一つ（渋谷区立渋谷本町学園）

　記述では，「自治体が進めている」「区長の政策の一つ」などが見られるが，それらは「4．首長の公約」に含めて判断すべきと考える。同様に，子どもの数の減少をあげた学校は「3．統廃合計画」に含めて判断すべきであろう。総括的に言えば，施設一体型小中一貫教育校は，自治体（首長）主導で推進されており，児童数の減少を直接的な契機とするという，いわば「学校教育の外的理由」から導入されているものが多く，学校教育の質的向上を求めての指導方法の改革を目指すといった「内的理由」からのものは少ないということになる。そのことは，全国的に見ても小中一貫教育が学校の教職員から求められることはほとんどなく，教育委員会（首長含む）主導で推進されていることともつながる。

　実際には小・中学校の教員間には「免許の壁」もあり，これまで小・中学校は別々のものであり，互いに干渉しないことを文化としてきた我が国の義務教育学校ではむしろ当然のことでもある。しかし，小中一貫教育が教育委員会（首長）主導で進められることが現場無視を意味するものではない。一般的に言って，教師は目の前の子どもに目を奪われることが多く（虫の目），国全体の教育政策動向などの俯瞰的な見方（鳥の目）を持つことは苦手であることが多い。義務教育における中1ギャップなどの教育課題やグローバル人材育成，キャリア教育などの観点から教育の改革方向を模索するのは実際には教育委員会（首長）の役割なのである。もちろん，その過程に教職員，保護者，地域が参画することが求められるのは言うまでもないが，それらの制度づくりも含めての環境整備は第一義的には行政担当者の役割である。

　次の問いでは当該校の管理職体制を尋ねた。管理職の体制は，施設一体型小

中一貫教育校の類型化の基準の一つであり，同時に今後の学校経営のあり方を検討する事例研究としても重要であるが，回答結果は以下の通りである。

①校長1　副校長0　教頭2　37校　②校長1　副校長3　教頭0　14校
③校長2　副校長0　教頭2　12校　④校長1　副校長1　教頭2　10校
⑤校長1　副校長1　教頭1　8校　⑥校長1　副校長0　教頭3　7校
⑦校長1　副校長0　教頭1　6校　⑧校長2　副校長2　教頭0　3校
⑧校長1　副校長2　教頭0　2校　⑩校長1　副校長1　教頭3　1校

回答からは校長2名という学校が15校あり，校長・副校長・教頭の管理職体制には10のパターンがあることもわかった。ここからも施設一体型小中一貫教育校の制度的多様性が看取できる。また，現行法では小中一貫教育校，または義務教育学校という制度は存在せず，施設一体型小中一貫教育校には最低4名の管理職を配置することができるが，管理職3または2名という学校も54校ある。これらの中には管理職としてカウントされる職員数を減員し一般教員を増やしている学校もあるが，結果的に減員となっている学校もある。このことの是非はここでは論じないが，少なくともそういった裁量も施設一体型小中一貫教育校にはあり得るということは事実である。管理職が5名という学校が1校あるが，当該校は3校以上の学校が統廃合されて新設されたものである。

2014年12月に提出された中教審小中一貫教育特別部会の答申では，9年制の小中一貫教育校（法改正時点では，義務教育学校となる予定）の制度化が盛り込まれたが，その条件の一つが1人校長制である。これは調査結果から，1人校長の方が取り組みの成果が多く認識されていることによるが，現在存在する2人校長の施設一体型小中一貫教育校が速やかに1人校長に移行できるかどうかは疑問の余地がある。なぜなら結果として管理職人数が1名減となることが予想されるからである。当該都道府県教育委員会の賢明な判断が求められるところである。

続いて学校段階の区切りについて尋ねた問いに対しては，

①4－3－2　69校　②6－3　22校　③4－3－5　1校（長崎・小中高一貫教育校）④4－2－3　2校　⑤5－2－2　2校　⑥4－5－4　1校（保幼小中一貫教育校）　⑦3－4－2　1校　計98校（2校は無回答）という回答が得られた。4－3－2制を導入している学校が圧倒的に多いが，

6－3制のままという学校も5分の1存在することがわかった。我が国の施設一体型小中一貫教育校の嚆矢とも言える品川区立日野学園や呉市立中央学園が4－3－2制を採用したことも，このような結果に影響を与えていると考えられるが，日野学園が4－3－2制を採った理由は，公立小・中学校間の接続を強化し，私学抜けを減らすというねらいであったのに対し，呉市立中央学園はピアジェの発達理論を採用して，子どもの発達の加速化が進む今日では6－3制は子どもの実態に合わないという理由によるものであり，69校がどのような理由で4－3－2制を採用しているかは個別の追調査が必要である。ちなみに，2014年の文科省調査では，4－3－2を採用している学校が最も多くの成果を実感していたことは注目される。

「小中9年間を一貫する新教科を設置していますか」という問いに対しては「はい」と回答したのは50校であった。その主なものは「国際科（英会話科含む）」20校，「ふるさと科」17校などであった。現時点では半分の学校では9年間を一貫する新教科を設置していないということになる。しかし，自由記述欄には「各教科で9年間を一貫するカリキュラムを作成している」と回答した学校が8校あり，その他にも小中一貫したキャリア教育を実践しているという回答もあった。

2014年の文科省調査では小中一貫教育の定義を，小中連携教育のうち，小・中学校が目指す子供像を共有し，9年間を通じた教育課程を編成し，系統的な教育を目指す教育と定義したように，国レベルでは9年間を通じた教育課程を有していることが，小中連携教育と一貫教育の違いであるとしている。9年間を通じた教育課程をどう定義するかは中教審小中一貫教育特別部会でも議論となったが，文科省調査でも「小中一貫教育の軸となる独自の教科・領域の設定」を行っている市区町村は25％しかなく，必ずしも教育課程特例制度等を活用した新教科のみを指すものではなく，既存の教科の小中の独自性と連続性を踏まえた一貫性のある教育・指導方法を研究するものも9年間を通じた教育課程と認めることが，この取り組みを推進する観点から必要であると言えよう。

「小中一貫教育の目的」に対しては，「学力向上など教科指導上の成果を上げるため」91校，「中1ギャップの解消などの生徒指導上の成果を上げるため」89校，「教職員の指導力向上のため」56校，「小中学校が核となって地域ととも

にある学校づくりを進めるため」66校,「その他」13校,という回答結果であった。複数回答を認めたため,統計的に有意差は認められなかったが,次の「小中一貫教育の成果と課題」を尋ねた問いに対する自由記述からはかなり具体的な内容が読み取れる。

　筆者らの調査では小中一貫教育の成果と課題を,管理職がどう認識しているかを明らかにすることが重要なテーマであった。「小中一貫教育の成果」については93校が感じていると答えたが,その具体的内容でまず子どもの変化に関するものとしては,「中学生が小学生を思いやり,模範となっている（小学生が中学生を見習う。小,中学生が互いに刺激し合い,成長している。などを含む）」と記述したものが88校あり,ついで「学力が向上した」29校,「中1ギャップが解消された」21校,「不登校が減少した」16校,「問題行動が減少した」10校となり,その他にも,「学校規模が大きくなり活気が出た」「リーダーの育成ができるようになった」などという記述も見られた。

　教職員の変化に関する記述では,「9年間を見通した指導ができるようになった」24校,「教員の指導力が高まった」20校,「小中教員間の相互理解が深まった」16校,「教員の児童・生徒理解が深まった」7校,などという記述が多かった。他にも「中学教師の専門性を活かした授業ができるようになった」という答えも5校あった。地域との関係性の変化についても12校が「地域との関係が良くなり,地域との連携が強化された」と回答した。

　「小中一貫教育の課題」に対しても83校があると回答したが,質問紙作成者の意図が成果と課題の両方を記述してもらうことにあり,83という数字がこの取り組みの課題の大きさを示すものという解釈は妥当ではないことを付記しておく。

　課題に関する記述のうち,まず子どもに関するものでは「6年生がリーダーシップを発揮できない」と回答したものが6校あった。従来の6−3制では6年生が最高学年であり,何事にもリーダー的な役割を果たしていたのが,施設一体型になり6年生がリーダーシップを発揮することができないというのである。これは施設一体型小中一貫教育校の課題としてしばしば取り上げられることである。しかし,この課題は学校の工夫によって容易に解消されるものでもある。例えば,練馬区立大泉学園では,4−3−2制を採用しているが,適宜

6年生がリーダー役を果たす場面―例えば，縦割り総合学習でのグループ発表の企画運営―を用意し，その課題の解消に努力している。同時に，6年生がリーダーシップを発揮できないという教師の認識は，6－3制を前提にした教育観から彼らが脱却できていないということを示すものでもある。また「7年生に中学生としての自覚ができにくい」という記述も2校あった。これも従来の6－3制を前提にした教育観が背景にあると推察できる。小中一貫教育の課題としては子どもに関する記述より教職員に関する記述が圧倒的に多かったことが重要である。調査では，課題に関する記述が83校から46通り寄せられた。

以下に重要と思われるものを転記する。

＊会議が増えて教員が多忙化する。

＊教員の意識が変わらない（小中が一つという意識になれない。小中では文化が異なり一つになれない）。

＊免許の壁や，提出書類の書式が異なるため運営がスムーズにできない。

＊小中一貫教育に対する教職員間の意識のズレが大きい。

＊中学から小学校へ出向いて授業することが多く，中学教師の負担が大きい。

など

課題に関する回答を総括すると，

1．会議が増えるなど教職員の多忙化に繋がっている。

2．教職員が小中一貫教育の目的を共通認識できていないため，取り組みが進まない。

にまとめることができる。これらは筆者が実際に視察したほとんどの学校で散見されることでもある。従来，小学校と中学校は別のものであり，免許の壁もある。意識のレベルだけではなく，制度上の段差も大きいのである。しかし，筆者が以前参加した職員研修の場で，ある教員が「小中一貫教育は教師の多忙化を深刻化する。これ以上，我々を忙しくさせるな」と発言したのに対して当該校の校長が「そうだね，確かに最初は忙しくなるだろう。しかし，小中一貫教育とは小中の教職員が子どものために力を合わせ，助け合い，子どものより良い成長を目指す取り組みなんだ。損して得取れという言葉を知っているか。はじめは苦しいだろうが，諸君はこの取り組みの中で指導力を高め，わかる授業を実践し，その結果，子どもの学力が伸びるんですよ」と言った場面は印象

的であった。

　小中一貫教育の課題に対する回答は予想通り教職員に関するものが圧倒的に多かった。これは2014年文科省調査でも同様であった。すなわち，小中一貫教育の課題は実は教職員の課題なのである。現場教職員に対して，教育委員会，校長が上記校長のように彼らが納得できる説明と具体例を示すことが何より重要なことであると言えよう。

2.3　施設一体型小中一貫教育校から見る義務教育学校の多様性と公正性

　施設一体型小中一貫教育校は，当該自治体の教育政策によって性格付けが異なる。最も大きな要因は学校選択制である。2014年時点で，東京都23区のうち19区で学校選択制が導入されている。東京都では2005年時点で公立小学校から私立中学校へ進学するものの割合は23区平均で約25％であったとされ，この状況は，私学を選択できる経済的余裕のない家庭の子どもに対しても進学する学校を選択することができるようにすべきという声を大きくし，加えて公立学校間に競争原理を導入することで公立学校を活性化し，その質を向上させるという新自由主義的教育原理の広がりを急速に推し進めた。

　学校選択制下で開設される施設一体型小中一貫教育校は，中学校であれば難関高校への進学実績を向上させ，保護者の進学期待に応える学校—エリート校—であることが求められるのである。ここではそれを「卓越性（excellence）原理」と称することにする。一部の職員団体による施設一体型小中一貫教育校に対する批判は，それが学校統廃合の隠れ蓑となっているという批判に加えて，基本的には学校選択制下で開設されている施設一体型小中一貫教育校に対してなされている。何よりも私学抜けを減少させること，旧通学区域外からの入学者を増加させるために進学実績を向上させること，などが至上命題とされることが多く，教職員は多忙感にさいなまれることになることは容易に想像できる。

　これに対して京都市では学校選択制は導入せず，通学区域を維持しつつ，必要な学区に新しいタイプの学校（5－4制や4－3－2制，更には近い将来全ての公立学校をコミュニティ・スクールにするという方針も打ち出している）

を開設している。例えば，2011年に開校した東山開睛館小中学校は2中5小を統廃合して新設された学校である。四条通りに面し祇園の中心部に位置する旧弥栄中学校は，少子化が進行し2015年には全校生徒数が50名を下回ると予想された。市教委は地域とも協議を進めた結果，旧洛東中学校との統合を決め，同時に2中学校区の5つの小学校も統合し，六波羅蜜寺に隣接する地に新しい施設一体型小中一貫教育校を開設した。京都市では2007年に過疎地域である左京区花背に花背小中学校を，同じく2009年に大原地区に大原学院を開設しており，施設一体型小中一貫教育校の可能性に確信を持っていたことも推進力となった。東山開睛館小中学校は，9年間の義務教育を一体的なものと捉え，4－3－2制を採用している。第1ステージを「基盤形成期」，第2ステージを「発展充実期」，第3ステージを「自己確立期」と定義し，第1，第2ステージでは読解力の育成を目指す「読解科」を設置し，第2，第3ステージでは習得した読解力を活用することを目的とする「東山探究科」を設置し，9年間を見通した取り組みを行っている。開校4年目の2014年時点で，京都市が実施する学力調査（確認プログラム）では数字で示される学力は大幅に向上し，不登校児童生徒数も大きく減少している。また，特別支援教育における9年間一貫した取り組みが，関係者の予想を越える大きな成果に結びつきつつあることは特筆すべきであろう。

　同校の取り組みについて詳細に論じる紙数の余裕はないが，京都市では通学区を維持したまま，必要な地域に必要な施策を展開するという方針が貫徹されている。2013年には南区に旧陶化中学校を核とする1中3小を統廃合して京都市立凌風学園を開設し，2014年には東山区に東山泉学園（校舎は隣接型での5－4制）が開設されているが，いずれも通学区は維持したままである。つまり，京都市の施設一体型小中一貫教育校は卓越性原理に基づくエリート校を目指すのではなく，その地域に必要な施策として実施されているのである。旧弥栄中も旧陶化中も関西では有名な同和教育の実践校である。それは同校の教育実態の難しさを意味し，当該校区に対して，行政として最高の教育環境を提供し，在校生が自らの学校に誇りを持てるようにすることが必要であるという判断が基礎となっている。ここではそれを「公正性（equity）原理」と称することにするが，京都市の施設一体型小中一貫教育校は，必要な地域に必要な物的，人

的資源を投入するという公正性の原理に基づいている点で，東京都の施設一体型小中一貫教育校とは本質的に異なるということを指摘しておかねばならない。

　今日では全国で約30000校の小・中学校が設置されているが，施設一体型小中一貫教育校は100校余りにとどまり，それが公立義務教育の複線化を進めるとは筆者には到底思えないが，小中一貫教育，特に施設一体型小中一貫教育校に批判的な一部の論者は，それが義務教育学校の複線化（多様化）に繋がるとして批判する。背景には公教育，とりわけ義務教育には何よりも平等性（公平性）が重視されなければならないという教育観があると考えられるが，苅谷剛彦が正しく指摘するように，従来の平等性は面の平等，つまり表面的な均質性を重視してきたに過ぎない。今日では社会格差が拡大し，子どもの学力格差も拡大している。それに対応するために，義務教育には卓越性原理でなく公正性原理に基づく多様化が求められるのである。公正性原理に基づく多様化とは，個々の子ども，地域の実態に応じた柔軟できめ細かな教育の整備を言う。それに対して卓越性に基づく多様化はエリート校を目指し，結果として格差の拡大を現出する。我々は義務教育における多様化がどのような原理に基づいて展開されるのかを注意深く見守り，公正性に基づく柔軟できめ細かな教育の実現に研究の視点を集めなければならないと考える。

3 小中一貫教育とコミュニティ・スクール

3.1 コミュニティ・スクールとは何か

　世紀の転換期を迎えようとしていた平成12（2000）年4月に，学校教育法施行規則の改正が行われ，「開かれた学校づくりを一層推進していくため，保護者や地域住民等の意向を反映し，その協力を得るとともに，学校としての説明責任を果たす」ことを目的とする学校評議員制度が法制化された。いわゆるバブルの崩壊からの立ち直りの兆しも見えていなかった当時，学校現場でも不登校やいじめなどの病理現象が大きな問題となっていた。学校の常識は社会の非常識という言葉に代表されるように，学校はあまりにも一般社会からかけ離れた論理で動いており，もっと地域や保護者の意見を取り入れた運営（協働統治 governance）をすべきであり，加えて公立学校は税金で運営されているのに情報公開が不十分でありもっと情報公開をすべき（accountability）であるなどという批判が「開かれた学校」というフレーズに凝縮され，民間人校長の導入をはじめとする様々な施策が展開されたのである。

　学校評議員は，学校教育法施行規則第49の2において「学校評議員は，校長の求めに応じ，学校運営に関し意見を述べることができる」と簡潔にその目的が記されているが，文科省の補足説明によれば「開かれた学校づくりを一層推進していくため，保護者や地域住民の意向を反映し，その協力を得るとともに，学校としての説明責任を果たす」ためのものとされている。

　同制度は，当該学校の職員以外の者が校長の推薦によって学校に意見を述べることを担保した画期的な制度であるという評価もあったが，実際にはそれが

「評議員会」といった合議体ではなく，個人として校長に助言をするという性格であったこと，更には学校としての説明責任を果たすための制度，つまり学校の情報を外部へ発信するための制度と位置づけられたため，学校運営への参画を目指すものではなく，法定後10年が経過した現在では，学校評価を担当することが役割といった学校が多く，ガバナンス（協働統治）の確立を目指す制度とはなり得ていないのが現実である。

　続いて平成16年3月には中央教育審議会が，答申「今後の学校の管理運営の在り方について」において，地域が学校運営に参画するための学校運営協議会を設置した新しいタイプの公立学校の設置を提言した。現在では，学校運営協議会を設置した学校を教育委員会の判断によって，「コミュニティ・スクール（地域運営学校）」と称することができるとされている。学校運営協議会は，平成16年地方教育行政の組織及び運営に関する法律の改正によって法制化されたが，文科省はその導入目的として「近年，公立学校は保護者や地域住民の様々な意見を的確に反映させ，地域に開かれ，信頼される学校づくりを進めていくことが求められていることから，これまでの学校運営の取り組みをさらに一歩進めるものとして学校運営協議会を導入した」と同省が主催する「地域とともにある学校づくり推進フォーラム」での配布資料で述べている。

　具体的には地方教育行政の組織及び運営に関する法律第47条の5において，
　　①校長の作成する学校運営の基本方針（教育課程の編成等）の承認を行う。
　　②学校の運営に関して，教育委員会又は校長に意見を述べる。
　　③教職員の任用に関して，任命権者に意見を述べる。
とその役割が例示されている。近年文科省では，このうちの①は必須であるが，②及び③については任意であるとの見解を示しているが，これは学校運営協議会の目的とも関わる重要なポイントであると筆者は考えているが，詳しくは後述する。

　やや総括的に言えば，コミュニティ・スクールとは地域住民，保護者が学校運営に参画する新しいタイプの公立学校であり，それは学校を設置する地方教育委員会の判断により設置可能であり，学校運営に地域住民，保護者が参画するための制度的保障として設置されるのが学校運営協議会であるということになる。学校運営協議会は，法律で教職員の任用に関して一定の影響力を持つこ

とが可能であり，別の表現をすればコミュニティ・スクールとは，公立学校ではあるが教育委員会の管理から離れ，地域住民，保護者，教職員が一体となって（協働して）運営する学校と言うことができる。

　我が国で初めてコミュニティ・スクールとなったのは東京都足立区立五反野小学校とされるが，同校は平成14年度から文科省の「新しいタイプの学校運営に関する実践研究」の研究指定を受け，地域検討委員会やコミュニティ・スクール委員会を設置し，新しいタイプの学校づくりに取り組んでいた。平成15年1月には学校理事会を設置し，コミュニティ・スクールとしてスタートすることとなるが，同校が学校運営協議会ではなく学校理事会と称したのは，そのモデルをイギリスの学校理事会（school governing body）に求めたからである。ここではイギリスの学校理事会について詳細に論じる紙数の余裕はないが，イギリスはM. サッチャー政権期にいわゆる新自由主義教育改革を断行した。それは1988年教育改革法として結実するが，その中心的施策が教育委員会を廃止し，全ての公立学校に地域住民，保護者，教職員，行政関係者からなる学校理事会を設置し，学校予算は児童生徒数に応じて総額で各学校に配当され，その使途は学校理事会で決定し，教職員の採用人事も学校理事会で行うというものである。それは学校選択制とセットで競争原理によって公立学校を活性化しようとする意図のもとの政策であった。当然ながら，学校選択制を導入しても個々の学校が，従来のように教育委員会からの指揮命令のもと，人事権も予算費目決定権もなければ，公立学校間の多様化は実現されず，選択肢の広がりには至らない。保護者の選択権の保障という新自由主義教育政策の具体化のためには，個々の学校の裁量権の拡大が不可欠なのである。

　我が国のコミュニティ・スクール導入に大きな役割を果たしたのは，当時教育改革国民会議の委員であった金子郁容慶應義塾大学教授と，以前金子と大学の同僚でもあった鈴木寛前参議院議員であった。彼らはアメリカのチャータースクールとイギリスの公立学校改革を詳細に研究し，基本的にはイギリスの学校理事会をモデルとした学校運営協議会を構想したとされる。地教行法によって学校運営協議会が法定されるのはそれから半年後であり，時系列的にも五反野小学校がイギリスの学校理事会をモデルとし，自らを学校理事会と称したことはむしろ自然であったと解すべきであろう。

五反野小学校学校理事会の初代理事長である大神田賢次が著した『日本初の地域運営学校』(長崎出版，2005年) は,「それでは法律に規定されている校長の職務権限はどうなるんだ」「校長さん，これは学校の改革でなくて，革命なんだ！」という理事会の議論場面から始まる。当初の理事会は，地域代表3人,保護者代表3人，校長，教職員3人（校長の推薦），行政代表1人で構成されていたが，議論の結果として学校理事会は校長の公募制を導入し，翌年度からは民間出身の校長が誕生することになる。この結果は，学校理事会がその意に沿わない現任校長を解任し，新校長を任命したという受けとめられ方をし，特に職員団体は，学校理事会は学校教育の中立性を損なうおそれがあるとして，今日までコミュニティ・スクールには慎重な態度を取り続けていることの最大の要因となった。なお，コミュニティ・スクールは，文科省が全国で3000校の開設を目指すという方針を打ち出したこともあり，以下に示すようにその数は増加しつつある。

　自治体単位で見ると，東北地方には開設数が少なく，九州地方には比較的多く見られる（東北6県で青森県は指定校0，他5県は開設率5％未満）。京都市には206校，岡山県では168校，山口県では292校が開設されているが，栃木県，富山県，石川県，福井県では，平成26年4月時点では1校も開設されていない。この「地域差」の原因については，極めて複雑な背景があることは言うまでもない。ただ，例えば福井県や大阪府のように地域・運営協議会や地域教育協議会などの名称をつけ，独自の定義付けを行って学校と地域・家庭の連携を進めようとしている地域もあるように，学校運営協議会と類似した組織を構

表 3-1　平成26年度コミュニティ・スクールの指定状況

	指定校数	増加数（前年度比）
幼稚園	94	32園増
小学校	1240	212校増
中学校	565	102校増
高校	10	1校増
特別支援学校	10	2校増
合　計	1919	349校増

表 3-2 設置する小中学校全てをコミュニティ・スクールに指定している教育委員会・自治体（平成26年4月時点）

福島県大玉村（3校）	岩手県普代村（2校）	山形県石田村（4校）
東京都武蔵村山市（14校）	東京都利島村（2校）	東京都三鷹市（22校）
東京都世田谷区（93校）	神奈川県開成町（3校）	新潟県見附市（12校）
岐阜県白川村（2校）	愛知県一宮市（61校）	新潟県上越市（74校）
新潟県湯沢町（2校）	新潟県刈羽村（2校）	長野県信濃町（2校）
新潟県聖籠町（4校）	京都府久御山町（4校）	三重県鈴鹿市（40校）
滋賀県長浜市（40校）	岡山県早島町（2校）	岡山県矢掛町（8校）
岡山県勝央町（3校）	山口県山口市（51校）	山口県美祢市（25校）
山口県宇部市（37校）	山口県光市（16校）	山口県防府市（28校）
山口県柳井市（15校）	山口県周南市（46校）	山口県長門市（17校）
山口県平生町（3校）	徳島県東三好町（6校）	高知県土佐町（2校）
高知県大川村（2校）	福岡県春日市（18校）	福岡県福津市（10校）
福岡県大野城市（15校）	福岡県那珂川町（10校）	福岡県大木町（4校）
福岡県新宮町（5校）	福岡県岡垣町（7校）	福岡県筑前町（6校）
福岡県宇美町（8校）	福岡県産山村（2校）	佐賀県嬉野市（12校）
熊本県氷川町（5校）	熊本県小国町（2校）	熊本県高森町（5校）
熊本県津奈木町（3校）	熊本県山江村（3校）	熊本県産山村（2校）
宮崎県都城市（55校）	宮崎県高鍋町（4校）	宮崎県小林市（21校）
宮崎県えびの市（9校）	鳥取県南部町（5校）	島根県出雲市（55校）

築し，取り組みを進めている地域であるという理解も可能である。しかし，類似制度をもってコミュニティ・スクールを不要とする自治体もあり，そのような場合はコミュニティ・スクールの付加価値や成果について国や都道府県教育委員会が丁寧に説明し理解を促していくことが必要であろう。

3.2　コミュニティ・スクールのタイプ—関東型と関西型—

　我が国の義務教育を所管する文部科学省初等中等教育局では，地域とともにある学校づくりを最重要テーマに掲げ，平成21年以降毎年全国各地で「地域と

ともにある学校づくり推進協議会」を開催し，その趣旨の周知に努めている。各会場では地域とともにある学校づくりに関する資料集が配布されるが，平成26年12月に東京都で開催された同協議会で配布された資料集には以下のような記述がなされている。

子どもの豊かな学びを創造し，地域の絆をつなぐ
〜地域とともにある学校づくりの推進方策〜（概要）
1．議論の背景と問題意識
○学校と地域の連携は教育施策の中心的な柱として推進されてきたが，東日本大震災の被災地において多くの学校が避難所としての役割を担っていることは，地域における学校の役割を改めて強く認識させた。
○今後，全ての学校が，小・中学校の連携・接続に留意しながら，地域の人々と目標（子ども像）を共有し，地域の人々と一体となって子どもたちをはぐくんでいく「地域とともにある学校」を目指すべきである。
2．地域とともにある学校
○「地域とともにある学校」を実現していくためには，学校と地域の人々との間での目標の共有や地域の人々の学校運営への参画が必要となる。関係者が当事者意識を持って「協議」を重ね，「協働」して活動することやそれを上手く進めることができる校長の「マネジメント」とともに，教育委員会と教育長の明確なビジョンと行動が求められる。
○子どもを中心に据えた学校と地域の連携は，子どもの育ちにとどまらず，大人たちの学びの拠点を創造し，地域の絆を深め，地域づくりの担い手を育てることにつながる。
○今後，学校は，学校の課題にとどまらない地域の課題を解決するための「協働の場」となることで，「地域づくりの核」となることができる。
3．今後の推進の在り方（国は何をしていくべきか）
○地域とともにある学校づくりの推進のために，各地域・学校の自発性と独自性を基本とした教育委員会・教育長の主導的役割に期待するとともに，国には各地域・学校での取組を後押しする運用上，制度上，財政上のあらゆる角度からの支援を求める。
○国に対し，次の5つの推進目標を提案する。
①今後5年間でコミュニティ・スクールを全公立小中学校の1割に拡大
②実効性のある学校関係者評価の実施
③複数の小・中学校間の連携・接続に留意した運営体制の拡大
④学校の組織としての，マネジメント力の向上
⑤被災地の学校の再生と震災復興の推進力となるような総合的な支援
4．さらに検討していくべき中長期的課題
○学校のガバナンスに関する課題など，地域とともにある学校づくりを促進していく上でさらに検討が必要な中長期的課題については，国に対し，十分な検討を要請する。

この資料には，地域とともにある学校づくりが求められる第一番目の要因として災害時における学校と地域の連携の必要性があげられている。東日本大震災では多くの児童生徒が犠牲になり，また避難所としての学校の役割が再認識されたこと(実際には，校長・教職員と地域住民の意思疎通が十分でなく，様々なトラブルが生じたことも報告されている)がその背景にある。平成23年度に開催された同協議会で配布された資料集には，まだ上記のような記述は見られないことから，東日本大震災がそれまでの地域とともにある学校づくり推進施策に新たな観点を盛り込ませたことがうかがえる。

　ここで述べられている地域とともにある学校づくりの必要性は，災害時において学校が避難所をはじめとした様々な役割を果たすためには，日頃から地域と一体となった取り組みが求められることに加えて，子どもの学力の課題がその格差の拡大にあり，それが家庭階層と相関を持ち(生活習慣，学習習慣など)，学校と家庭，そして地域とが一体となって協働して子どもをはぐくむ体制づくりがなければ現状を改善できないという認識がうかがえる。また，学校は子どものためだけに存在するのではなく，「大人たちの学びの拠点」でもあり「地域づくりの核」であるという認識も明確に述べられている。

　前述したように，コミュニティ・スクールは，そのモデルがイギリスの学校理事会であったように，基本的ねらいの一つは，教職員の人事を含めた学校運営への地域住民，保護者の参画を実現することであった。足立区立五反野小学校が校長公募制を採用したのも，勤務年限で定期的に移動する校長・教職員に継続性のある学校運営は困難であるとし，地域住民が学校運営の基本方針を決定すべきであるという判断からである。つまり教職員は「風の人」，地域住民は「土の人」である。しかし，これまでの我が国の公立学校は，文科省―都道府県教育委員会―市町村教育委員会―学校長という縦の指揮命令系統で運営されてきており，そこで優先されたのは平等性・均質性であった。それに対し，五反野小学校の学校理事会は，学校運営に地域住民，保護者が積極的に参画し，地域の特性に応じた教育を展開するために学校裁量権を拡大しようとする新制度のねらいを具現化したに過ぎない。しかし，我が国の「学校は，お上のもの。学校運営では，専門家としての教師の判断が優先される」という教育文化・伝統が，学校理事会と教職員，職員団体との間に大きな軋轢を生じさせることに

なる。その後，東京都を中心とする関東圏では，地教行法に規定された権限（学校運営の基本方針に対する承認，教職員の任命に関して任命権者に意見を述べる）を重視した学校運営協議会が多く設置されることになる。背景には，東京都23区のうち19区が学校選択制を導入していたように，新自由主義的な教育政策が関東圏で積極的に推進されていたことがあることは言うまでもない。

それに対し京都市では当時の門川教育長（現市長）は「京都の学校運営協議会は，学校の応援団です。学校をまな板に乗せ，批判するための制度ではありません。地域と学校が共に汗をかく『共汗関係』を築くことが狙いです」（京都市教育委員会編「地域ぐるみの学校運営協議会」2007年）と述べ，学校運営協議会は学校と協力して子どもの育ちを支えるための制度であると説明している。

「京都市立学校における学校運営協議会の設置等に関する規則」平成16年11月26日教育委員会規則第3号には，

　　第8条　校長は，次の各号に揚げる事項について，協議会の承認を得るものとする

　　　1．教育目標及び経営方針

　　　2．教育課程の編成に関する基本方針

　　　3．予算の編成に関する基本方針

　　　4．その他校長が必要と認める事項

　　第9条　協議会は，設置校の運営に関する事項について，教育委員会又は校長に対して，意見を述べることができる。

　　　2．協議会は，別に定めるところにより，設置校の職員の採用その他の任用に関する事項について，教育委員会に対して意見を述べることができる。

　　　3．協議会は，前2項の規定により教育委員会に対して意見を述べるときは，あらかじめ，校長の意見を聴取するものとする。

とあり地教行法の規定に準拠したものとなっているが，17年5月19日付で「学校運営協議会の設置等に関する留意事項等について」を各校園に発出し，その中の「4（2）」において，学校運営協議会が人事に関して意見を述べる際の留意事項として

　　・人事に関する意見は，校長を通じて行うこと

・意見は尊重されるが，校長の人事に関する権限が拘束・制限されるものではないこと

としている。京都市では教育委員会教職員課に対して学校運営協議会から直接に人事に関する要望が出されたことは今日まで1件もないが，それはこの留意事項の規定によるところが大きいと思われる。

同時に，京都市には「FA制度・公募制度」と呼ばれる以下のような独自のシステムが存在していることも学校運営協議会の人事に関する権限を一定制約していることにつながっている。

　①教員公募制度（学校運営協議会を設置している学校で，希望する学校が基礎条件。採用6年以上，現在校3年以上勤務の教員が基礎条件）

　→転入者を希望する学校が，「希望する人材」をHP等で公募し，その条件を見て応募してきた教員を学校が独自に選任する。（通常1名まで）

　②FA制度（採用10年以上，現任校3年以上を基礎条件とした異動システム。FA宣言し名簿に記載されると，招聘したい学校と個別に交渉でき，自分で異動先を決定できる）

　③学校予算のキャリーオーバー制度（学校配当金の年間40万円までを次年度にキャリーオーバーできる制度）

京都市には，学制制定以前から町衆が自宅の竈の数に応じて基金を出し合い（竈金），番組（ブロック）毎に小学校を作っていた伝統があり（番組小学校），学校が地域に根づき，地域住民が学校を支える伝統があるため学校の応援団という理解が浸透しやすいと説明する教育委員会関係者もいる。

京都市のコミュニティ・スクールは全国のコミュニティ・スクールの1割を超え，今後もその数は増加することが確かである。その背景には，京都市の伝統に加えて，学校運営協議会の性格を学校の応援団と規定することで教職員，職員団体の「反発・警戒」を小さくしている側面が確かにある。関西では，このような性格付けをしている地域が多く，これを「関西型」と称することにする。一部の学校経営研究者には，「関西型」の学校運営協議会は，PTAに毛の生えたようなもので，学校支援地域本部とも区別がつかないと批判する者もあるが，上記したような義務教育学校に対する文化・伝統がある我が国において

は，一足飛びにイギリス型の学校理事会が有する権限を学校運営協議会に付与し執行することは，過剰な批判や警戒心をもたらすという判断が関西の行政担当者には共有されている。そこには「関西人の知恵」が感じられる。

なお，平成27年3月17日に文科省で開催された「コミュニティ・スクールの推進等に関する調査研究協力者会議」では，学校運営協議会の権限について質疑が行われ，以下のような事柄が確認されたことを付記しておきたい。

　＊市町村教育委員会の学校管理規則に，当該学校運営協議会の権限を規定することは認める。

　＊その際，人事に関しては関与しない，などの表現は上位法優先の原則に反するので認めない。

　＊しかし，学校管理規則に学校運営協議会の権限として，例えば・学校評価に関すること・校長の学校運営方針の承認，などを明記し，人事に関する権限には触れないことはあり得る。

　＊しかし，それでも当該学校運営協議会が人事に関して意見を示し，市町村教育委員会に伝えることはあり得る。

　＊市町村教育委員会はその意見を県教委に内申する。県教委はその意見を尊重はするが，それを実施するかどうかは県教委の判断である。

3.3　小中一貫教育とコミュニティ・スクール

　小中一貫教育に取り組む関係者の間でも，小中一貫教育は手段であるという声をよく耳にする。おそらく現時点ではそれは妥当であろうと思われる。ひとつには，小中一貫教育は教育課程の構造的理解を通した教師の指導力向上を目指す取り組みであり，それによって教師はわかる授業を実現し，子どもが学びに向き合い，学力が向上するという構造だからである。

　それに対し，「地域とともにある学校づくり」（コミュニティ・スクール）は，学校運営に教職員，保護者，地域が一体となって参画し（スクールガバナンス），学校教育の質的向上を図るというものであり，まさに目的そのものである。結論的に言えば，中学校区を単位として，小中学校がネットワークを作り，教職員が互いに支援し合う体制を作ることによって，初めて地域住民と保護者が学

校を信頼し，課題を共有し，学校を支援することができるのである．その意味では，小中一貫教育とコミュニティ・スクールは不可分の関係にあると言うべきであろう．

筆者も委員である「コミュニティ・スクール等の推進に関する調査研究協力者会議」の「小中一貫教育を推進する上での学校運営協議会の在り方について」第一次報告（平成26年11月）では，

　○地域から見た子供の育ちは各学校単位で収まるものではなく，小学校と中学校の接続をはじめとする周辺校との連携は，地域とともにある学校づくりを考える上で重要なテーマとなる．すでに多くの地域において，地方公共団体における小中一貫教育の取組により，複数の小学校・中学校が連携して，９年間を通じた子供の育ちを実現する教育が推進されており，学力向上やいわゆる中１ギャップの緩和（不登校，いじめ，暴力行為等の減少，中学校進学後に不安を覚える生徒の減少等），教職員の指導方法への改善意欲の向上，保護者や地域との協働関係の強化など，様々な効果も報告されている．

　○現在，小中一貫教育に取り組んでいる学校は，地域コミュニティとの関わりの中で取り組んでいる事例が多く，文部科学省が平成26年に実施した「小中一貫教育等についての実態調査」の結果によると，小中一貫教育を実施している学校において，地域や保護者との協働関係を強めることを目的に取り組んでいる事例として，コミュニティ・スクールを導入している学校が15％，コミュニティ・スクールの組織を小中合同で設けている学校が７％，コミュニティ・スクールの導入に向けた検討を行っている学校が４％という状況であった．こうした中学校区を１つの運営単位（地域との連携単位）と捉えたコミュニティ・スクールの広がりの中で，地域ぐるみで子供たちの９年間の学びを支える仕組みが有効に機能している．

と述べ，小中一貫教育とコミュニティ・スクールを一体的に推進することの重要性を指摘している．全国のいくつかの地域では，中学校区の小中学校を全てコミュニティ・スクールとし，「学園」を構成し，地域と一体となった取り組みを進めている．表３−３は，東京都三鷹市と福岡県春日市の事例をまとめたものである．

　三鷹市では，全ての中学校区（７中学校区）に学園名称をつけ，中学校区に

表3-3 小中一貫教育に取り組むコミュニティ・スクールの例

東京都三鷹市	・中学校区の小・中学校で「学園」を構成し，小中一貫教育を推進。 ・各学校に学校運営協議会を置きつつ，学園単位の合同会議（○○学園コミュニティ・スクール委員会。学校運営協議会委員全員が同委員会のメンバー）を開催。 ・合同会議で学園としての目標等を共有。学園の運営状況等について学校関係者評価を行うとともに，部会（支援部，地域部，評価部，広報部等）を設けて学校支援活動を実施。 ・合同会議を開催することで，学園で子供を育てていく意識が地域の方々で共有され，小中一貫教育の視点で学校運営への意見をもらうことができている。
福岡県春日市	・各小・中学校に学校運営協議会を置きつつ，中学校ブロック学校運営協議会を組織し，中学校区共通の教育目標を掲げ，取組を実施（各小・中学校の学校運営協議会委員の代表3～4名が中学校ブロック学校運営協議会委員として参画）。 ・中学校ブロック学校運営協議会の委員は，中学校ブロック学校関係者評価委員も兼務し，連携した取組について評価を実施。 ・校区全体で子供を育てる意識の醸成，小中9年間を見通した系統的・統一的教育活動の展開，小・中学校間での情報・行動の連携の促進などの成果。

コミュニティ・スクール委員会(学校運営協議会)を設置している。各学園は，小中学校とも校務分掌を，①教務部，②生活指導部，③研究推進部，④進路指導部，⑤健康教育部，の5つにまとめ，それぞれの部の主任が3校主任会を構成し，学園長（校長代表），副学園長（校長2名），副校長（3名），主幹教諭，一貫コーディネーターとで学園運営委員会を構成している。

　コミュニティ・スクール委員会は学園に1つ設置され，例えば三鷹中央学園コミュニティ・スクール委員会は，会長，副会長（2名），学園評価部（学校評価の実施・分析を担当），学園支援部（学習ボランティアの管理運営，補習教室の推進を担当），地域コーディネート部（地域人材を学校へ繋ぐためのコーディネート，学校と地域の繋がり，人のコーディネートを担当）から構成されている（他5つのコミュニティ・スクール委員会もほぼ同様の構成である）。

　コミュニティ・スクール委員会の役割は，
　・学園及び各校の基本方針についての承認
　・学園及び各学校の学校評価の実施・分析
　・学習ボランティアの管理運営
　・三鷹中央学園パワーアップアクションプランの企画・立案
を行うものとされている。

春日市の春日中学校区では，春日中学校，春日小学校，須玖小学校の3校にそれぞれ学校運営協議会を設置し，学識経験者，行政代表（教育委員会，首長部局職員），各校学校運営協議会委員のうち，地域代表，保護者代表，校長，教頭から構成される中学校区ブロック運営協議会を設置している。春日中学校ブロック運営協議会は，自ら学ぶ力育成部（家庭学習の進め方の作成・徹底，3校合同授業研究会の実施を担当），自ら人と関わる力育成部（あいさつキャンペーンの実施，中学生による読み聞かせを担当），自ら体をつくる力育成部（校区一斉お弁当の日実施，中学生リーダーによるラジオ体操の実施担当），自ら命を守る力育成部（安全パトロール，登下校指導担当）を設置し，中学校区を単位（ブロック）とした取り組みを進めている。両市に共通するのは，中学校区を単位とした地域と一体となった学校づくりを進めている点にある。逆に言えば，中学校区を単位とできる小中一貫教育の取り組みがあるからこそ，中学校区としてのコミュニティ・スクールの取り組みを進めることができているのである。

4

教育政策としての小中一貫教育

4.1 課題解決としての小中一貫教育

　第1章で述べた通り，我が国における小中一貫教育は，2000年の呉市，翌年の品川区の取り組みをその嚆矢とする。呉市立二河中学校，二河小学校，五番町小学校では，2つの小学校の小規模化と平行して，私立中学に進学する「私学抜け」が年々増加していた。この3つの学校は呉駅に近く，JRで広島市内の私立中学校へ通学することが容易であったのである。その状況を放置すれば1小学校への統合，中学校の単級化が避けられないと判断した市教育委員会は，二河中学校を改築し，施設一体型小中一貫教育校呉市立中央学園を開設するに至る。

　また，品川区の私学抜け（私立中学校進学者率）は25％に達し，市教育委員会はその理由として公立小学校と中学校が全く連携できておらず，小学校卒業後，校区の中学校に進学するのも私立中学に進学するのも子どもの環境変化としては大差ないこと，不登校者数も多くいわゆる中1ギャップが存在することが要因であると分析した。その解消（緩和）策として導入されたのが小中一貫教育であった。この状況は呉市でも同様であった。

　その後，品川区は学校選択制を導入し，「選ばれる学校づくり」を目指して施策が展開されている。ここでは卓越した学校（excellent school）が目指されることになるが，それが一部の職員団体から施設一体型小中一貫教育校の課題として批判される教師の多忙感の原因となっていることは事実である。有名私立高校への進学率が学校評価の一つとされたり，数字で示される学力の向上

が至上命題となることで，義務教育学校の教職員には大きな負担感が生じることになる。しかし，それが施設一体型小中一貫教育校に内包される制度的課題なのか，学校選択制がもたらす弊害なのかは十分に考察する必要がある。このことに関しては本論の結びで再度言及する。

　区立第二日野小学校跡地に新設された施設一体型小中一貫教育校・日野学園は，いわゆる中1ギャップの解消と平行して，大崎地区の再開発―町づくり―構想の中核を担うものでもあった。JR大崎駅から徒歩5分という立地の良さにもかかわらず，学校選択制が導入されるやいなや第二日野小学校は急速に入学者が減少し，廃校の危機が迫ることになる。それは何よりも同校周辺が東京でも有名な風俗街であったことが原因である。そのため校区内住民が子どもを進学させることを拒んだ結果であった。その対策として，区教育委員会は施設一体型小中一貫校を新設し，多くの入学希望者を集め，入学者の選別において通学時間を優先することで同校近辺に居住したいと考える住民を増やそうと考えたのである。

　結果として品川区の狙いは的中することになる。日野学園周辺では，風俗店がデベロッパーによって地上げされ，高層マンションが林立し校区の環境は一変した。JR大崎駅も大改装され日野学園周辺の環境は一変したのである。もちろん，入学希望者数が増加する過程で，近隣高層マンションに入居し通学時間が短い子どもほど入学できる可能性が高まり，経済格差が選択権の行使と密接に相関する状況が生起しつつあるが，それはまさに学校選択制に内包される制度的課題であり，小中一貫教育の課題ではない。ここではひとまず小中一貫教育は，町づくりの施策としても有効であることを確認しておきたい。

　中1ギャップと言われる小中学校間の段差（実際は中1リセットであることは前に述べたが）を克服するためには，小学生の中学校登校は有効である。御池中校区では5－4制を導入したが，実際には市教育委員会並びに学校関係者にそこまでの見通しを持った取り組みを求めることは難しい地域の方が多い。大阪府吹田市立千里みらい夢学園は2小・1中の分離型小中一貫型小・中学校であるが，毎週金曜日は1時間目から2つの小学校の6年生は中学校に登校し，中学校で授業を受けている。中学校にいるのだから中学教員の関わりも容易で，2つの小学校の交流も常態化できる。近年ではこの中学登校日は英語科に重点

をおいて実施されているが，中学英語科教員，ELT などが参画して，小学校の外国語活動と中学の英語科とのスムーズな移行に大きな成果を上げている。この事例は，小中段差の解消に小中一貫教育を標榜して小・中学校が協力して取り組んだ好事例だと言うことができよう。

4.2 学校統廃合と小中一貫教育

　品川区立日野学園は，学校選択制下で児童数が急減した小学校を廃校とし，新しいコンセプトの学校を新設した事例であるが，全国では児童生徒数の減少により学校統廃合が実施され，それを契機として小中一貫教育校，小中一貫教育が推進されることも多くなっている。

　京都市立御池中学校は，現在御所南小学校，高倉小学校の1中2小の校区であるが，御池通りに面した市街地中心部であり，ドーナツ化現象の典型のように児童生徒数が減少し，学校統廃合を繰り返した結果，現在の3校に落ちついた。小学校の敷地面積の制限もあったが京都市教育委員会の，新しいコンセプトの学校を作り子育て世代を呼び戻すという積極的な施策の中で，5-4制が採られている。御池中校区の取り組みについては『小中一貫（連携）教育の理論と方法』に詳しく述べているのでここでは割愛するが，6年生が4月初めから中学校で学ぶという形態は，当初批判と不安の声に包まれたが，取り組みが進む中で子どもの成長，特に中3生の成長は目を見張るものがあることが報告され，それは子育てに対する住民の大きな期待となり，子育て世代が校区へ回帰した結果，2017年度にはもう1校小学校を新設することとなった。

　御池中は市街地の事例であるが，全国の多くの地域で児童生徒数が減少し，学校統廃合を検討，または実施している自治体は少なくない。2013年の筆者の調査でも，施設一体型小中一貫校のうち学校統廃合を開設理由の一つと回答したものは100校中52校あったように，特に施設一体型小中一貫教育校の開設は学校統廃合と密接に関連している。

　学校は地域の核であり，可能な限り維持，存続を目指すべきである。しかし，全校児童生徒が何名になっても学校は残すべきなのであろうか。その場合，中学校と小学校とでは教員配置の視点からも数は異なってくる。文科省では，ス

クールバス通学所要時間1時間以内であれば大きな問題はないとする見解を示しているが，その学校を廃校にすれば教育機会が奪われる離島や山間へき地校を除いて，一定の児童生徒数を維持することで学校本来の集団教育のメリット（多様な意見の交換，社会性の育成）などを維持，向上させることを目的とした統廃合は考慮されてもいいのではないだろうか。

公立小・中学校の1年間の施設維持管理費を数値化することは実は難しいが，教員給与を国と都道府県が負担している現行制度下では，義務教育学校の設置管理者の学校維持のための財政的負担はさほど大きくはないとされる。それより，現実には人口急増期に開設された学校が，施設の老朽化が進み，校舎の改修や耐震工事を余儀なくされている状況があり，それを契機に国や地方自治体からの補助を見込んでの学校統廃合による新築，改築が進んでいるのが本当のところであろう。その場合の選択肢の一つとして施設一体型小中一貫校があるのである。

一部の職員団体は，施設一体型小中一貫教育校は，学校統廃合の隠れ蓑であり，統廃合推進のための方便であるとし，また，施設一体型小中一貫教育校では教員の負担感が増し，子どもたちの人間関係が固定化していると批判している。その批判の対象の殆どは東京都下の施設一体型小中一貫教育校に対してなされるものであるが，前述したように学校選択制では，学校は卓越した学校（エリート校）であることが求められ，そのため教員も負担感，やらされ感が増幅しているのは事実であろう。

しかし，子どもたちの人間関係の固定化については，全く事実にそぐわない批判であると言わざるを得ない。例えば2中5小を統廃合して新設された京都市立東山開睛館小中学校では，ゆるやかな4－3－2制を導入しているが，1〜4年生合同で行事に取り組み，4年生にリーダーの経験を積ませたり，6年生と中1の合同英語授業に代表される異学年交流を強く意識した教育を推進している。統廃合される前の旧弥栄中学校は全校生徒50名程度の規模であったが，現在各学年100名規模の学校となった東山開睛館の中3生の1人は，部活もたくさんできたし，学校らしくなって嬉しい，と筆者に話した。

学校は地域の核であり，地域再生のエンジンでもある。学校は可能な限り存続させるべきではあるが，極小規模の小学校を統合して1校にする場合，でき

れば中学校と施設一体型小中一貫教育校を新設することで，クラス規模も大きくなり，交友関係も広がり，異学年交流授業も常態化できる。異校種の教職員が日常的に交流することで互いの指導力，生徒指導力も向上するのである。全ては制度と運用であり，成果が感じられない，または負担感のみ増加するのは関係者に運用能力が不足しているからに他ならない。課題があるからやらないのではなく，課題を克服する努力をすることで，学校と教師は変わるのである。

4.3　地域とともにある学校づくりと小中一貫教育

　3.3でも述べたように，地域とともにある学校づくり，具体的には学校運営協議会を設置した学校（コミュニティ・スクール）づくりは，現在の学校改革の大きな柱である。地域環境の格差が拡大し，様々な子どもの課題も家庭階層と大きな相関を持つことが明らかとなった今日，学校の課題は地域と保護者が子どもの実態と学校の取り組みを理解し，学校を支援するシステムがなければ改善されないという認識が根底にはある。その意味では地域とともにある学校づくりは，学校改革の目標でもある。

　現行法では学校運営協議会は各学校毎に設置するものとされているが，文科省のコミュニティ・スクール等推進協議会では，中学校区に1つ設置し，中学校区内の小・中学校を一括的に運営することを奨励し始めている。その理由の一つは，都市部以外の山間農村部では，各学校毎に学校運営協議会を設置するとなると委員の選任に困難を極めることにある。実際は運営協議会の委員は，自治会長や，公民館長などの既存の社会教育関係団体の長から選任されることが多く，各学校毎に協議会を設置すると人材が枯渇するということになる。しかしそれは，実は校長の情報の少なさ，アンテナの低さが原因でもある。

　現在では，校長は任期3年を原則として異動する人事異動が主流であるため，着任1年目の校長が多くなり（数字上は3人に1人は現任校1年目となる），校区事情，情報の把握が十分でなく，既存の社会教育関係団体等の長に委員を委ねることが精一杯という現状なのである。もちろん，既存の組織に属してはいないが，優れた経験と知見を持ち，学校支援を担える人材を発掘することが大切であるが，文科省のコミュニティ・スクール推進協議会では，学校運営協

議会を中学校区に1つ設置し，校区内の小・中学校を一括的に運営することの方が合理的であるとの議論が高まったのである。しかし，現行法では学校運営協議会は各学校毎に設置するとされており，そのことを根拠に中学校区での設置に慎重な論者もあることは事実である。

中学校区に1つ学校運営協議会を設置する場合，中学校区の小・中学校の間に連携がなければ校区としての取り組みを進めることはできない。つまり，中学校区毎に学校運営協議会を設置し，校区内の小中学校を一括的に運営するためには小中連携，一貫教育が不可欠なのである。この観点から言えば，小中一貫教育は，地域とともにある学校づくりが目的であるのに対しその実現のための手段と言えるものである。言い換えれば小中一貫教育は，地域とともにある学校づくりを進める際の基盤と言える取り組みなのである。

4.4　教師の指導力向上と小中一貫教育

筆者は以前から小中一貫教育は，教育課程の構造的理解を通した教師の指導力（授業力，生徒指導力）の向上を目指す取り組みと述べてきた。小・中学生が合同で学校行事に参加したり，中学生が小学生に中学生活を報告したりすることはそれ自体は小中一貫教育ではなく，小中交流のレベルである。小中学校の教師が授業公開を通して，小学校と中学校の教育課程，並びに授業構造の独自性と連続性を理解し，一貫性のある授業を行う力量を形成し，「わかる授業」を実現し，子どもが授業に向き合い，学力が向上することこそが，小中一貫教育の第一義的なねらいであると考えている。9年間一貫したカリキュラムや新教科も，既存の指導要領や教科書によらない分，ゼロから教師が構想を持ち合い，協議し合って作り上げる過程で，小中学校の教師がともに成長できる所に最大の意義がある。

滋賀県高島市湖西中学校区は2園・2小・1中の校区であるが，早くから園・小・中の一貫教育に取り組んでいる。その最大の特徴は公開授業の常態化である。各学校園は翌月に行う公開授業のスケジュールを前月に発表する。それをカレンダーとして5校園に配布するのである。中学校教員は空き時間もあるが，小学校教員は空き時間が殆ど無く，他校へ出向き授業参観することは通

常困難である。湖西中学校区では翌月の公開授業スケジュール（あくまでも通常授業を公開する。指導案は作成するというルール）を公表することで，参観したい授業の時間帯を空ける工夫を学校全体で行い，希望する教員の参加を可能としているのである。

　大阪府吹田市のある理科教員は府教育委員会の施策「いきいき teacher」となり小学校への出前授業を担当することになった。中学教員が小学校へ出向き授業を担当するという形態は多くの自治体で試みられているが，実際は担当教員の負担が大きく，市単比での加配等の工夫がなければ長続きしない。この理科教員も小学校で1コマ授業するのに中学の3コマが潰れると言って必ずしも乗り気ではなかったが，小学校6年生の授業を担当してその内容が中1理科と非常によく似ていることに驚いたという。これまで小学校の理科の教科書など読んだこともなかったその教員は自らの不勉強を反省するとともに，小学校教員の丁寧な授業に感動したと筆者に語った。半年後，その教員が中学1年生に理科の授業を行ったあと，数人の生徒が「先生，授業面白くなってきたよ」「うん，みんなそう言っている」と言ってきたという。その教員が知らず知らずのうちに小学校教師の丁寧な授業を学び，小学校の授業内容を理解したことが，自身のわかる授業につながり，それを真っ先に感じ取ったのは生徒たちであったのである。以後，その教員は小中一貫教育の意義を自分の言葉で語り，市全体の取り組みの推進役となったのは言うまでもない。

4.5　義務教育の多様化と小中一貫教育

　京都市では現在4校の施設一体型小中一貫教育校と，5－4制を採る2つの中学校区，そしてそれ以外の従来型の6－3制の校区が混在している。いわゆる多様な形態の義務教育が存在するのである。学校選択制下での多様化は，住民が選択できるという点である意味容認できる側面もあるが，京都市では学校選択制は採用しておらず，東山開睛館小中学校や，凌風学園は施設面では他の公立学校を大きく凌駕し魅力的であるにもかかわらず，道路1つ隔てた校区に住む住民にはその最新型の学校に進学することはできない。それに対して義務教育の平等性の観点から問題ではないかという批判がなされることもある。

これは施設一体型小中一貫教育校は6-3制の複線化をもたらし，エリート校となるとしてその制度化に反対する意見とも通じるものである。しかし，義務教育の平等性（equality）とは全て同じにすることを意味するのであろうか。苅谷剛彦はこれまでの我が国の教育における平等性とは面の平等，すなわち表面を均一にすることであったと述べている。中央と地方の経済的格差が今より大きかった昭和30年代には，まず何より均質性と物理的平等性が求められたことは事実であり，それが必要であったことも事実である。しかし，今日では子どもの状況は実に多様化し，個々の学校間においても多様な子どもの実態がある。そこでは学校教育は，地域と子どもの実態に合わせた公正な（equity）施策を展開する必要があるのである。ここで言う公正性とは，必要な地域，子どもに必要な手立てを講じる施策（つまりヒト，モノ，カネを重点的に投資すること）の根拠となる原則を言う。白石裕によればアメリカの学校財政制度訴訟においても平等性と公正性とは大きな論点となっているという。しかし，白石は，equityはequalityに近い概念であるとし，施策の妥当性を意味するadequacyという言葉で教育の質の平等を説明しようとする（筆者の言う公正性に近い）。しかし，白石自身も述べているように，アメリカの研究者の中にもadequacyをequityに含めて考える研究者もあり，その言葉の意味付けは使用する研究者によって異なっていることも事実である。我が国では教育社会学者の志水宏吉も筆者と同じ文脈でequality（平等性）とequity（公正性）を使用していることを付記しておく。

　京都市立東山開睛館小中学校は旧弥栄中学校と旧洛東中学校の2つの中学校と5つの小学校が統合されて新設されたものである。旧弥栄中学校は関西では有名な人権・同和教育の推進校であり，そこでの人権劇は毎年NHKで放映されるほどのものであった。同じく施設一体型小中一貫教育校である凌風学園は旧陶化中学校と3つの小学校が統合されて新設されたものである。旧陶化中学校も人権・同和教育の推進校として有名であり，両校ともその取り組みの背景には非常に困難な校区事情があったことは論をまたない。

　左京区の大原学院，花背小中一貫教育校も，ともに施設一体型小中一貫教育校であるが，両校とも極小規模の小中学校を施設一体型に統合新設したものである。かように京都市の4つの施設一体型小中一貫校はそれぞれの校区環境か

ら必要な施策として，まさに公正性の原理に基づいて新設されたものである。それらは外見的には義務教育の多様化をもたらしているが，それは多様化を目指したものではなく，公正性を追求した結果の多様性であることが重要である。

4.6　中教審2014年12月答申と小中一貫教育

　2014年12月，中教審は「子供の発達や学習者の意欲・能力等に応じた柔軟かつ効果的な教育システムの構築について」と題する答申を提出した。答申は第１章「小中一貫教育の制度化及び総合的な推進方策」について，第２章「意欲や能力に応じた学びの発展のための制度の柔軟化について」の２章構成となっている。第２章の内容については本書では取り上げなかったが，第１節「飛び級入学者に対する高等学校の早期卒業者制度の創設」，第２節「国際科に対応した大学・大学院入学資格の見直し」，第３節「高等教育機関における編入学の柔軟化」，という節構成が示す通り，いわゆる飛び級，早期卒業制度の柔軟化が柱となっている。

　答申のタイトルには「意欲・能力等に応じた」という文言があり，一部の論者には，新自由主義的競争原理に基づく答申という受け取り方をされている。小中一貫教育に対しては，特に施設一体型小中一貫教育校に対して，エリート校づくりであり義務教育の複線化を招くという，必ずしも実態を反映しない批判もある中で，この答申のタイトルは小中一貫教育の目指すものが競争原理による義務教育の活性化，と曲解される危険性があることは極めて遺憾である。答申は，全国規模で実施された実態調査に基づいて作成されており（調査結果は参考資料として答申に別添されている），基礎自治体，学校現場での創意工夫を国・都道府県教育委員会が支援するという姿勢が貫徹され，地域とともにある学校づくりという大目標に向かっての一つの方法として小中一貫教育の可能性について論じている。

　調査結果が示すように，小中一貫教育に取り組んでいる学校の９割がその成果を実感し，早くから小中一貫教育に取り組んでいる地域ほどその成果を実感していることが明らかになった。それは取り組みの中で教師がその意義と可能性を実感していることに他ならない。これまで小学校と中学校の間には，互い

に相手に責任を押し付ける他責文化が存在し，また，その関係が悪くなることを懸念する地域では，相互に干渉しない教育モンロー主義とも言うべき状況が存在していた。

　今日，まだ多数ではないが，少なくない学校で小中一貫教育の取り組みが進みつつある。内容はまだバラつきが大きく，交流に始まりイベントに終わりそうな取り組みもあるが，「手応え」を感じている教師は確実に増えている。小中一貫教育は，教師の取り組みである。教師が成長するきっかけであり，小中学校が相互に協力できるネットワークを構築し，地域から信頼と支援を得るための取り組みである。会議のための時間が増える，負担が増すなど，課題とされるものは全て教職員の課題であった。そのような課題があるからやらないのではなく，その課題を乗り越える所に新しい学校と教師が誕生するのである。

　施設一体型小中一貫教育校が今後急激に増えるとは考えにくい。大部分の小中学校は分離型の小中一貫型小・中学校として取り組みを進めることになると考えられるが，それぞれの取り組みが成果を上げ，発表し合い，少しでも多くの学校がこの取り組みに参加することを支援する基盤としてこの答申が運用されることが望まれる。制度は，それをどう運用するかという当事者の力量次第なのである。

参考文献

＊西川信廣「習熟度別指導・小中一貫教育の理念と方法」ナカニシヤ出版，2006年
＊西川信廣・牛瀧文宏「小中一貫（連携）教育の理論と方法―教育学と数学の観点から―」ナカニシヤ出版，2011年
＊西川信廣・長瀬美子（編）「改訂版　学生のための教育学」ナカニシヤ出版，2014年
＊貝ノ瀬　滋「小・中一貫コミュニティ・スクールのつくりかた」ポプラ社，2010年
＊呉市教育委員会，天笠茂共編著「呉市の教育改革　小中一貫教育のマネジメント」ぎょうせい，2010年
＊苅谷剛彦「教育と平等」中央公論新社，2006年
＊志水宏吉「学校にできること」角川学芸出版，2010年
＊白石　裕「教育の質の平等を求めて」協同出版，2014年
＊黒崎　勲「新しいタイプの公立学校」同時代社，2004年
＊山本由美他（編）「これでいいのか小中一貫校」新日本出版，2011年
＊大神田賢次「日本初の地域運営学校」長崎出版，2005年

第Ⅱ部
授業論の観点から

5 第Ⅱ部をはじめるにあたって

5.1 分数指導の例から

　2013年の年末のことだった。筆者は依頼を受けて，山陰地方のある中学校区の小中合同の算数・数学の勉強会に出席した。会場となった小学校には，夕刻からの開催にもかかわらず，熱心な先生方が集まっておられた。他の校区からの参加者もあったように記憶している。そこでは，小学校と中学校の算数・数学の接続を円滑に行うためにと，いろいろな活動の報告や話し合いがなされた。こういった会に参加する度に，自分の時間を使って，研究をされている先生方に頭の下がる思いがする。

　さて，第Ⅱ部は，具体的に小中一貫したカリキュラムや指導とはどういうものかということを，算数・数学を例にとって述べるのを目的とする。小中一貫した授業づくりや学力向上について，全体としての大きな方向性を打ち出すことや，その概念づくりはなんとか形になったとしても，数々の真実は細部に宿る上に，実際に行うべきことは，悲しいほど具体的で骨が折れる取り組みとなる。しかし，それを通してこそ，個々の教員の授業力は向上する。それを示す実例として，この日の会のことをまず紹介したい。そしてこの例を通して第Ⅱ部の概要をつかんでいただきたいと思う。

　ところで，この日の会では，分数の計算の指導についても話題に上っていた。例えば，$\frac{3}{8} \times 6$ のような計算をどのように指導するかという内容である。この計算の何が問題になっているかおわかりだろうか？　可能なら，紙と鉛筆をご用意の上，計算してみていただきたい。どうだろうか？　多くの方は，

62 第 5 章 第 II 部をはじめるにあたって

$$\frac{3}{8} \times 6 = \frac{3}{8_4} \times 6^3 = \frac{9}{4} \tag{5.1}$$

と計算されたのではないだろうか？　しかしである。この計算，小学校では教科書にある通り，

$$\frac{3}{8} \times 6 = \frac{3 \times 6}{8} = \frac{3 \times 6^3}{8_4} = \frac{9}{4} \tag{5.2}$$

と指導されることが多い。それに対し，中学校では特に何の束縛もなく，(5.1) とやってしまうことが殆どであろう。どのようにお感じだろうか。数学教員はもちろんのこと，既に大人になった人からすると，なぜわざわざ式を一つ挟む必要があるのか，というのが率直な感想ではないだろうか。

　これで，おわかりだろうか。この日の話題の一つが，(5.2) のように教えたい小学校と，(5.1) のままで計算できるようになってきてほしい中学校側との折り合いをどのようにつけるか，というものだった。「たかがこれだけのことか」と思われるかもしれない。しかしここにはカリキュラムの上からも，指導の上からも，連携の上からもきちんと理解を伴った上で進めるべき内容が隠されている。そして，こういう具体的な理解の積み重ねこそが，実践的な授業改善に繋がり，ひいては子どもの学力向上に寄与するのである。

　分数の話を続けよう。まずは，中学校側からの (5.1) のままでできるようにしてきてほしいというのが，(5.2) のような方法を不要だと宣言するものであってはならない。理由は 2 つある。まず第 1 に，「整数をかける計算」に続いて学習する「整数でわる計算」に影響が出るからである。例えば，$\frac{4}{5} \div 6$ のような計算は，

$$\frac{4}{5} \div 6 = \frac{4}{5 \times 6} = \frac{4^2}{5 \times 6_3} = \frac{2}{15} \tag{5.3}$$

と行う。(5.2) の分母分子を入れ替えたような形であることに注目してほしい。それに対してこの計算を

$$\frac{4}{5} \div 6 = \frac{4^2}{5} \div 6_3 = \frac{2}{15} \tag{5.4}$$

とは通常「数学」でも行わない。不思議な方法に見えるかもしれないが，計算手順の回数においても記述の方法においても (5.1) と同じである。少ない手

順回数を優先するなら，なぜ，(5.4) とは計算しないのか？ そこには，6 年生以上になって，割り算を全て掛け算に直して計算することを見通しての配慮とともに，割り算でありながら掛け算を行う[1]という操作面の難しさがあるからであろう[2]。

(5.3) の方法が割り算で必須であるなら，(5.3) を見せる前に，よりわかりやすい (5.2) を見せておこうというのは，当然のことになる。ちなみに分数に整数をかける計算の方が，整数でわる計算より操作の意味は理解しやすい。小学校の分数の意味から追っていくと，$\frac{3}{8}$ は $\frac{1}{8}$ の 3 個分なので，$\frac{3}{8} \times 6$ は $\frac{1}{8}$ の 3×6 個分，つまり $\frac{3}{8} \times 6 = \frac{3 \times 6}{8}$ となるのが自然なのである。すなわち，小学校ではわざわざ (5.2) のように計算しているのではなく，計算の意味から自然とそうなっているのである。

(5.2) のような方法が必要な 2 つ目の理由は，分数の横棒の上下に掛け算を書くことで，要領良く計算する計算法に繋げるためである。例えば，
$$2 \div 8 \div 3 \times 6 \div 7 \times 4$$
のような計算だと，
$$\frac{2 \times 6 \times 4}{8 \times 3 \times 7} \tag{5.5}$$
とまとめ，約分しつつ計算を行う。小 5 で分子の方にも掛け算を含む分数の式を見せておくことで，この計算法に繋がる。ちなみに，このように数の多い計算は，高等学校では確率の計算をはじめ頻出となる。

以上，小学校で行われている (5.2) の計算法には意味があり，それを指導しておくことの必要性について見てきた。しかし，聡明な読者なら既にお気づきであろうが，そのことと小学校で (5.1) を指導するかしないかとは別の話である。つまり，(5.1) の方法を試しもせず，小学校では (5.2) の方法で十分だと認識してしまうことは，正しい判断とは言えない。あるいは，「小学校では (5.2) の方がわかりやすいから，そちらで指導します！」と言われるのなら，わかりにくい (5.1) の方法への移行を中学校教員という赤の他人に任

---

(1) (5.4) の中央の式から答えを出す計算のことを指す。
(2) これも，もちろん慣れの問題であるかもしれない。だが，$-2-3 = -5$ や $\log 2 + \log 3 = \log 6$ と同様，外見上の演算とことなる計算を実施することは，躓きの原因となる。

せてしまうのか，と尋ねたい．小学校の先生方が子どもたちに並々ならぬ愛情を注いでおられることは，理解しているつもりである．それなら，自分たちの目の行き届くうちに，将来に備えておく方が子どもたちのためではないのだろうか．実際，中学校から先，分数を使う場面においては，分数に整数を一つかけるだけの計算なら，数学科の授業に限らず (5.1) で計算するのである．

　話が長くなってしまったが，この話は2013年のある研究会での経験に端を発していた．その日の研究会，この分数の件については，以上のことを参加者に説明したあと，分数に整数をかける乗法については，6年生になり (5.5) のような計算法まで一通り勉強したあとで，(5.1) から (5.2) へとなだらかに移行してもいいのではないかと提案した．ちなみに，この話題に関連して，この日は問題を一つ提起した．それは，小学校では意味理解を大切にすることが優先されているというが，分数の計算に関しては必ずしもそうではないのではないか，という投げかけである．具体的な例をとって説明したい．例えば $\frac{4}{5} \div 2$ の計算なら，

$$\frac{4}{5} \div 2 = \frac{4}{5 \times 2} = \frac{4^2}{5 \times 2_1} = \frac{2}{5} \tag{5.6}$$

とするのが通常だろうが，分数に整数をかける計算と同様に考えるなら，次のように考えるのが妥当だろう．すなわち，$\frac{4}{5}$ は $\frac{1}{5}$ の4個分なので，$\frac{4}{5} \div 2$ は $\frac{1}{5}$ の $4 \div 2 = 2$ 個分で，$\frac{2}{5}$ と考えるのである．式に表すと

$$\frac{4}{5} \div 2 = \frac{4 \div 2}{5} = \frac{2}{5} \tag{5.7}$$

という計算になる．意味がわかりやすいだけではなく，除法を乗法の逆演算だと考えた場合，操作としてもこちらの方がきちんと対応している．もちろん，この方法は分子の割り算がわり切れない場合にも対応できる．分子をわり切れるようにするだけのことである．例えば $\frac{4}{5} \div 6$ なら，

$$\frac{4}{5} \div 6 = \frac{4 \times 3}{5 \times 3} \div 6 = \frac{12 \div 3}{15} = \frac{4}{15} \tag{5.8}$$

と処理すればよい．

　ではなぜ (5.6) のように計算し，(5.7) や (5.8) といった計算方法を用いないのか．それはもちろん，割り算は全て掛け算に置き換えて計算できること，

そして今後そのようにすることを学ばせるためであろう。このように見ていくと，分数の指導一つにしても，指導上のわかりやすさと，先のことを見通した学習とが絶妙のバランスを保って組み立てられていることがおわかりいただけるかと思う。

いかがだろうか。以上，分数に整数をかける計算をその後の学習から見直し，指導法の意義を考察してきた。(5.1) でも (5.2) でもどちらでもいいような問題としか思えないことの裏に，カリキュラムの構造と指導の両面に関わる問題が存在することをおわかりいただけたのではないだろうか。そして，教員がこの点を些細なこととして見過ごさず，話し合いが必要な課題と位置づけたことが，分数指導について深く考える機会をもたらし，この中学校区独自の指導を考えるきっかけとなった。その結果，教員集団の知識の幅が広がったのである。

5.2 小中一貫教育と学力向上

教科教育で小中一貫教育を実践するなら，カリキュラム論と授業論の両面からのアプローチが必要である。教員には，指導するべきことを正しく深く理解し，授業実践を行う責務がある。ただ，小中一貫教育ともなると，そこに指導内容の繋がりを知った上で授業にいかすという要素が伴ってくる。後述するが，「繋がりを知る」ことは，異校種への繋がりに限らない。異なる学年や他教科への繋がりも含まれる。9年間を一貫して論じるのであるから，小中一貫教育とはそういうものである。

教科教育を考える際，目指すものは学力向上である。教科教育に焦点化した第Ⅱ部は，小中一貫教育における学力向上をひとつのテーマにしているので，そもそも学力をどう捉えておくのかを明確にしておく必要がある。そのために，学校教育法を手がかりにしよう。

学校教育法第三十条は「第四章　小学校」に属しており，その第二項は次の文面である。

> 前項の場合においては，生涯にわたり学習する基盤が培われるよう，基礎的な知識及び技能を習得させるとともに，これらを活用して課題を解決するために必要な思考

力，判断力，表現力その他の能力をはぐくみ，主体的に学習に取り組む態度を養うことに，特に意を用いなければならない。

そして，第三十条第二項について第四十九条では「中学校に準用する」と述べられ，第六十二条では「高等学校に準用する」と述べられ，第七十条では「中等教育学校に準用する」と述べられている。結局のところ，初等中等教育全般において，この条項が生きているのである。この条項の3つの点，すなわち，

(1) 基礎的な知識及び技能
(2) これらを活用して課題を解決するために必要な思考力，判断力，表現力その他の能力
(3) 主体的に学習に取り組む態度

はしばしば「学力の3要素」と言われる。学力に態度まで入っている点が興味深い。ちょうどこれは，国が行っている「全国学力・学習状況調査」と照らし合わせてもわかりやすい。既にご承知の通り，この調査は「教科に関する調査」と「質問紙調査」で構成されている。「教科に関する調査」については国語と算数・数学に関する調査が，AとBの2種類で実施される[3]。国語，算数・数学ともに，Aの出題内容は「主として「知識」」とされており，具体的には，

身につけておかなければ後の学年等の学習内容に影響を及ぼす内容や，実生活において不可欠であり常に活用できるようになっていることが望ましい知識・技能など

と説明されている。一方でBの出題内容は「主として「活用」」とされており，具体的には，

知識・技能等を実生活の様々な場面に活用する力や，様々な課題解決のための構想を立て，実践し，評価・改善する力など

---

(3) 以下記述については，「平成26年度全国学力　学習状況調査問題正答例　解答資料について」https://www.nier.go.jp/14chousa/14chousa.htm より適宜引用した。

と説明されている[4]。

一方，質問紙調査には「児童・生徒質問紙」と「学校質問紙」があるが，「児童・生徒質問紙」は，

> 調査する学年の児童生徒を対象に，学習意欲，学習方法，学習環境，生活の諸側面等に関する調査

と説明されている。両者を比較してみるとわかるが，「全国学力・学習状況調査」のA問題，B問題，「児童・生徒質問紙」が，順に「学力の3要素」の（1）（2）（3）に対応していると見ればわかりやすい。このように見てみると，子どもがこれらの力を体得するように，支援していくのが教員の役割であるとわかる。

さて，「小中一貫教育の実態等に関する調査研究協力者会議」による小中一貫教育の定義は，

> 小中連携教育のうち，小・中学校が目指す子供像を共有し，9年間を通じた教育課程を編成し，系統的な教育を目指す教育

であった。そこで，第Ⅱ部では，上述の学力観に沿った上で，目指す子ども像として，「理数的思考力に優れた子ども」や「科学的な目を備えた子ども」，あるいはそこまで理数や科学を強調しなくても，「筋道を立てて考える子ども」や「理由をつけて話をすることができる子ども」などとした場合，何を考え，どのように実践すればいいかを具体的に考えていきたい。「9年間を通じた教育課程」として，独自の小中一貫教科は特に視野に入れていないものの，施設分離型であっても推進できる事柄を考える。

書物のタイトルに「授業論」と銘打っているものの，カリキュラム論や教員間の連携の重要性についても触れている。第Ⅱ部の冒頭に述べたような合同の

---

(4) 数学で証明問題はこちらになる。証明は知識ではないが，活用でもないと思う。数学の基礎である。それがこちらに入っていることが興味深い。

研究会も，授業研究の場になるのである．さらに，「授業論」といっても，殆どの内容は算数科と数学科を想定して書いている．しかし，算数科は中学校以上の全ての教科の基礎となる科目であるから，小中一貫教育を語る上で中学校教員としても目を通しておくことは，無駄ではないと考える．それに，本書で使っている教科教育に対する見方は，数学科以外にも適応できるところが多々あると思われる．

　ここで，一つだけお断りをしておきたい．申し遅れたが，第Ⅱ部の筆者はトポロジー（位相幾何学）という数学を研究している数学の研究者である．その一方で，近畿・東海地方を中心に，年間を通じて小中高の教員研修や授業の助言指導などに少なからず足を運んで10年以上になる．年間30から40回程度という数をこなしてはいるものの，「教育」を体系的に学んだわけではないし，学校を見ているといっても，それすら限られた経験に過ぎない．あくまでも一介の数学研究者の考える小中一貫教育論と見てもらって，参考にできるところを取り入れていただければと考える．

　また，ここまで読んでこられておわかりいただけたかもしれないが，第Ⅱ部はそれほど理路整然とは書かれていない．本筋とは別にいろいろと脱線をしたり，関連する話題にも触れたりしながら書き進められている．論文ではないので，読みやすくするため，そして，内容に変化をつけるためにそのような形をとらせていただいている．実は，これは学校関係者を相手にしたときの，筆者の研修や講演のスタイルそのものである．一定の好評を得ているので，その形を第Ⅱ部でも踏襲した．

　最後に，第Ⅱ部を作成するにあたり，有限会社パザパコーポレーション代表取締役社長の河野周啓氏にお世話になったことを記しておきたい．第Ⅱ部では随所にICTを活用した教育の話題が登場する．Apple社との提携業務や学校を中心としたICTのコンサルティング，それに国の進めるICT教育への提言といった多方面の活動をされている河野氏との交流がなければ，こういったことを記述することは不可能であった．ここに感謝の意を申し述べたい．

6

算数科・数学科における小中一貫教育のためのカリキュラムづくり

6.1 小中一貫教育は「中1ギャップの解消」に留まるのか

6.1.1 小中一貫教育か小中連携教育か

　これまで,「小中連携教育」か「小中一貫教育」かとさんざん論議されてきた。名称だけの問題ではないのか,という人もいた。今やそれらの相違が明確に提示されたが,その前から私は「小中一貫教育」で貫いてきた。それには,理由がある。「小中連携教育」と「小中一貫教育」の差異についての私見と言われればそれまでであるが,カリキュラム上の重要な点であるので,述べさせていただきたい。

　あるとき,高等学校の関係者から,「小中連携教育というと,中1ギャップの解消のことではないのですか」と言われたことがある。「小中連携」を文字通り解釈すると,その解釈は妥当なのかもしれない。では,そもそも「中1ギャップ」とは何なのか? 実は,中教審2014年12月答申第1章「小中一貫教育の制度化及び総合的な推進方策」[1]に「いわゆる中1ギャップ」として,次の記述がある。これによると,「いわゆる中1ギャップ」は個々の子どもの問題のように読める[2]。

---

(1) p.55参照。
(2) このため,第Ⅱ部では例えば学習上での急激な難易度の変化などの客観的な事柄を「段差」や「開き」と呼び,それを子どもが感じた場合に「ギャップ」と呼ぶことにする。すなわち,「ギャップ」は個々の子どもの問題を表すときに用いる。ギャップの原因の一つを段差と言うと理解していただいてもよい。西洋語で言い換えただけであるが,ご容赦いただきたい。

> ○ 児童が小学校から中学校への進学において，新しい環境での学習や生活に不適応を起こすいわゆる「中1ギャップ」が指摘されている。各種調査によれば，いじめの認知件数，不登校児童生徒数，暴力行為の加害児童生徒数が中学校1年生になったときに大幅に増える実態が明らかになっている。また，気分障害の有病率が小学校高学年から中学校1年にかけて増えるとの研究結果もある。
> ○ 加えて，「授業の理解度」「学校の楽しさ」「教科や活動の時間の好き嫌い」について，中学生になると肯定的回答をする生徒の割合が下がる傾向にあることや，「学習上の悩み」として，「上手な勉強の仕方がわからない」と回答する児童生徒数が増える傾向が明らかになっている。

　このいわゆる「中1ギャップ」の原因は複合的であろう。残念ながら，一介の数学研究者である筆者は，浅学にしてその原因を解明するだけの技量を持ち合わせない。現場の学校関係者などからは，カリキュラム的には小学校第6学年と中学校第1学年との間には指導内容に開きがあることが原因であろうといった意見を数多く聞いてきた。そして，その対応策として，指導内容のスモールステップ化や間を埋める教材の作成といった対応策にも出会ってきた。確かに効果はある。何も否定しない。だが筆者には，カリキュラムについて語るなら，小学校第6学年と中学校第1学年との間を特に取り上げ，対応策を講じる点が腑に落ちなかったのである。

　もし仮に，小学校，中学校とも既に課題なく完成されているなら，小学校第6学年と中学校第1学年の間の上手な橋渡しができさえすればいい。しかし，現実はどうだろうか？　実はあとで示すように算数・数学に限って考えても，至る所に開きがある。小中連携教育と口にするとき，小学校2年生の子どもが乗り越えなければならない算数科の課題とそれに対処する取り組みを想像できるだろうか。学力の定着を掲げるなら，こういった点にきちんと向き合わないといけない。小中連携教育だと，小学校第6学年と中学校第1学年の間が焦点化されすぎる。それに対して，小中一貫教育という言葉を使えば，小学校と中学校を一つの「一貫したもの」と見る姿勢が含まれる。言い換えると，これらの開きを乗り越える力を9年間のスパンの中で子どもが身に付けられるように支援しようと考えるとき，小中連携教育ではなく小中一貫教育と言うのが適切なのである。以上が筆者の小中一貫教育に関しての考え方である。これは私流であるかもしれないが，教科教育においては，この考え方の必要性を確信している。

6.1.2 開きをジャンプできる子どもに

「中1ギャップの解消」と言われるものの，ちょっと立ち止まって考えてみたい。果たして一般にギャップは解消する方がいいものであろうかと[3]。いわゆる「中1ギャップ」を想定するとき，それが「新しい環境での学習や生活に不適応」を指し，いじめや不登校の問題まで敷衍するのであれば，解消するべきであろう。だが，教科教育に限定して議論するとき，果たして学習や学習に向かう態度への障害をゼロに近づけることが唯一の選択なのであろうか。

次の項で見るように，教科を学習する過程で，子どもが感じるギャップは何も小学校第6学年と中学校第1学年の間の特殊事情ではない。これは当たり前のことである。人間は成長するに従って，より高度なこと，より複雑なことに挑戦していくものである。その際，これまでの経験や学びをいかして，新しいことを乗り越えられればよいが，これまでの知識で対応できなかったり，経験を上手く生かせなかったり，生かせるはずの事柄を忘れていたりすると，人はそこにギャップを感じる。しかし，新しい知識を注入したり，時間をかけ考えたり，何度も練習をしたりすることで，それを乗り越え，最後には新たな力を獲得し，一つ成長するのである。逆に今の自分にできることをしていると楽であっても進歩がない。すなわち，子どもの成長を促すためには段差を解消する必要はなく，むしろそれを活用するべきなのである。それを乗り越える力を子どもが体得することを支援することや，新しいことに対処する方法を子どもに示すことこそ肝要なのである。空腹な子どもに，魚を与えるのではなく，魚のとり方を教えるたとえに似ている。義務教育段階というのは，人間の一生でまだまだはじめの部分である。その先には様々な段差や障害が待ち受けている。自分の手を離れたあとも，この子どもの人生はまだまだ続くと考えて，是非乗り越え飛躍する力をつけてあげてほしい。「中1ギャップ」が「中1ジャンプ」となるように段差を利用してほしい。

このように述べたものの，ここで一つ注意しておかなければならないことがある。それは，段差を堆積させないように注意することである。すなわち，軽

---

[3] いやしくも，算数や数学を指導するものにあっては，まずは批判的に考えてみることは大切なことである。「本当だろうか」と考えるところに物事の理由を考える姿勢が生まれる。

微な段差であっても，適切な指導がなされなかった場合，段差は「学習の取りこぼし」となり，さらに学習を進める際への足かせとなる。単元が変わるとその取りこぼしのことを一旦忘れるものの，残念な場合には次でもまた取りこぼしが生まれ，取りこぼしがどんどん堆積していく。こうなっていくと，これを乗り越えるのに多大な労力を要するばかりか，教科への興味関心も減少する。自尊感情が希薄になるという事態にも繋がりかねない。もはや段差を活用して子どもの成長を促すことなど，期待できない。下手をすると授業についていけない子どもが続出して，授業が成立しなくなり，学級経営にも問題が伝播する。

　もちろん，このようにならないためには，目の前の段差をきちんと乗り越えることが何よりも重要であるが，適宜復習を挟むことも重要である。朝の時間を利用して，漢字と計算を実践している学校なら，復習になる計算練習を行ったり，家庭学習として復習事項を課したりするのである。授業のときに，以前の学習を振り返る場面を挿入することも効果的だろう。ただ，その場合は注意が必要である。というのも，教員自身が以前の指導や教科内容を忘れていることもありうるからである。もし，以前の学習内容を振り返りつつ授業を構成するなら，授業時に思いつきで振り返るのではなく，前もって準備を周到にしておくことが望ましい。

　このような復習学習を小中を通して実践するなら，それは小中一貫した独自のカリキュラムであると位置づけられよう。そして，その策定には各学年での学習内容が最も明確な算数科・数学科で実践するのが懸命であろう。

6.1.3　ギャップの例

　これまで何度も述べている通り，小中一貫教育では小中 9 年間を一貫したひとくくりと捉える。9 年間を通して観察すると，注意を要する段差が小学校第 6 学年と中学校第 1 学年の間以外にもあることがわかる。それを確認するために，法令で定められている小中学校の年間授業時数をいくつかの教科[4]について見てみよう。

（4）小学校の「外国語」は教科ではないが，比較しやすいようにここに入れた。

6.1 小中一貫教育は「中1ギャップの解消」に留まるのか 73

表6-1 小中学校における年間授業時数

	小1	小2	小3	小4	小5	小6	中1	中2	中3
国語	306	315	245	245	175	175	140	140	105
社会			70	90	100	105	105	105	140
算数・数学	136	175	175	175	175	175	140	105	140
理科			90	105	105	105	105	140	140
生活	102	105							
外国語					35	35	140	140	140
総授業時数	850	910	945	980	980	980	1015	1015	1015

　このように，並べて見てみると多くのことに気づかされる．当然のことながら，小学校では学年進行に伴って，総授業時数が増加する．しかし，その中でも小学校第1学年から第2学年への増加に着目していただきたい．60時数という増加にしても，約7％という増加率にしても，この学年間での伸びが最大なのである．この授業時数の大幅な増加は，子どもたちにとってはギャップであると考えられる．特に1年生，2年生といえば，生まれ月による体格差もまだ顕著な時期でもあり，子どもによってはかなりの負担であろう．さらに60時数の増加のうち，約3分の2を算数が占めていること，そして算数の授業時数が増加するのはこのときだけであることにも要注意である．

　授業時数が増えたところで，所詮2年生程度ではないか，と思われた方はいらっしゃらないだろうか．ところが，実はこれがそれほど簡単なことではない．算数科における基礎基本はなんであろうか．それを3つあげるとすれば，

・日本式の数の命数法，位取り記数法なども含む数（特に整数）の理解
・繰り上がりと繰り下がりの理解と計算
・乗法九九

であろう．実は，これらの学習と小学校第2学年が密接に関連しているのである．このように言うと，「乗法九九以外は1年生の内容ではないか」と思われる読者も少なからずおられることと思う．尤もである．子どもたちをこれらの

概念に最初に誘うのは紛れもなく第1学年であり、その指導の重要さ困難さを何も疑うものではない。ただ、数の理解にしても、繰り上がり繰り下がりにしても、一般的なところに本質的に切り込むのは第2学年が最初であると申し上げているのである。この点について若干詳しくお話ししたい。

　まず数について考えてみよう。数の学習は小学校第1学年から始まるとはいえ、そこで学ぶ数は100までである。100を超える数は第2学年から先の学習である。では、100を超えたときに初めて登場するものは何か？　それは、203のような桁の途中に空位のゼロを含む数である。読まないところに数字「0」を書くことは位取り記数法の意味がわかって初めて理解できることである。従って、本格的に位取り記数法や数の構成の仕組みを学ぶのが小学校第2学年であるということになる。つまり、今後大きな数や小数を学んでいくわけであるが、それらの基本にあるのが、小学校第2学年なのである。

　続いて「繰り上がりと繰り下がり」について考えてみよう。これにしても、8＋5や11－3の程度の繰り上がりと繰り下がりは第1学年で学んでいるものの、103－15のようにすぐ上の位から1を持ってこられないものについての学習は第2学年である。すなわち、加法と減法についての基本が揃うのがこの学年なのである。しかもこれらの計算は、乗法と除法の筆算でも用いられるわけであり、これは計算の基礎が全て揃うのが第2学年だと物語っているようなものである。

　いかがであろうか、小学校第2学年は授業時間が増えるという点で、1年生からギャップあるだけではなく、学習内容における重要性も光彩を放っているのである。以上の考察は、講演の依頼がある度に毎回お話ししている内容である。これを聞かれた教員や学校管理職、指導主事の方々は一様に驚かれる。ただ、自分たちの経験に照らし合わせたとき、思い当たる節があるのか、いつも納得していただけている。

　小中9年間を見通した際の段差について、今度は中学校第2学年と第3学年の間の段差について見てみよう。この間のギャップは「1次の数学」から「2次の数学」への飛躍である。第2学年での主たる学習内容に、「連立一次方程式」、「一次関数」など1次式の項目が並んでいるのに対し、第3学年では、「多項式の展開と因数分解」、「平方根」、「関数 $y=ax^2$」など明らかに2次式に関わ

る学習とわかるものから，2次式の学習を前提にして成り立つ「三平方の定理」まで揃っている。第3学年の数学を「2次の数学」と呼んだのはそのためである。そのように考えると，第3学年の数学は高等学校の必修科目「数学Ⅰ」に近い。実際，数学Ⅰの内容は，「式と計算」，「2次関数」，「三角比」からなっている。中学校第3学年で学んだ「展開や因数分解」それに「平方根」が高等学校の「式と計算」に，「関数 $y=ax^2$」が「2次関数」に，「相似」や「三平方の定理」が「三角比」に繋がっている。特に，今回の学習指導要領の改訂によって，従来高等学校の数学Ⅰで扱われていた3次式の展開や因数分解が数学Ⅱに移行した。この結果，数学Ⅰは中学校第3学年の数学とまた接近した。このような目で見るとき，算数・数学に関して言うなら，小中一貫教育は高等学校1年生までを射程にいれるべきであろう。

6.1.4 教科書によるジャンプの相違

以上のような授業時数やカリキュラムにおける段差が存在するだけでなく，どういう教科書を用いるかによっても，ジャンプする箇所が変わってくる[5]。続いて，小学校と中学校の教科書を分量面から各社比較してみたい。平成27年度から小学校の教科書が新しくなるので，小学校については新旧両方を，中学校については，現在使われているものに基づいて考察する。

各社の教科書のページ数を表にまとめてみると次のようになる。まず，平成26年度まで使用されていた教科書についてのページ数比較である[6]。

---

(5)「教科書に段差がある」という言い方をすると，その記述に改善すべき点があるように読めるので，ここでは初めから「ジャンプ」という言い方を用いる。
(6) このデータについては，文部科学省のホームページにある「教科書目録」(発行予定の教科書の一覧)を利用した。なお，上下巻分冊の教科書については，上下のページ数の和を利用した。
http://www.mext.go.jp/a_menu/shotou/kyoukasho/mokuroku.htm

第6章　算数科・数学科における小中一貫教育のためのカリキュラムづくり

表6-2　算数科教科書ページ数比較（H26まで）

学年	小1	小2	小3	小4	小5	小6
東京書籍	158	206	244	268	260	228
大日本図書	146	216	228	268	246	244
学校図書	158	248	258	272	286	282
教育出版	152	204	208	296	274	242
啓林館	160	264	266	272	268	286
日本文教出版	164	224	266	290	264	246

続いて，平成27年度から使用される教科書について，比較してみる。

表6-3　算数科教科書ページ数比較（H27から）

学年	小1	小2	小3	小4	小5	小6
東京書籍	168	240	280	296	292	262
大日本図書	150	220	228	252	246	238
学校図書	153	240	274	278	291	266
教育出版	170	246	262	292	278	242
啓林館	174	282	294	292	280	294
日本文教出版	170	290	314	326	318	274

いずれも，第2学年からページ数が格段に増えているように思えるが，これはもちろん第2学年を境に授業時間数が増えるからである。そこで，これらの表をそれぞれ，算数科の総時間数（第1学年：136時間，第2から第6学年：175時間）でわって，授業1時間あたりのページ数を求めてみよう。

表6-4　算数科教科書1時間あたりページ数比較（H26まで）

学年	小1	小2	小3	小4	小5	小6
東京書籍	1.16	1.18	1.39	1.53	1.49	1.30
大日本図書	1.03	1.23	1.30	1.53	1.41	1.39
学校図書	1.16	1.42	1.47	1.55	1.63	1.61
教育出版	1.12	1.17	1.19	1.69	1.57	1.38
啓林館	1.18	1.51	1.52	1.55	1.53	1.63
日本文教出版	1.21	1.28	1.52	1.66	1.51	1.41

表6-5　算数科教科書1時間あたりページ数比較（H27から）

学年	小1	小2	小3	小4	小5	小6
東京書籍	1.24	1.37	1.60	1.69	1.69	1.50
大日本図書	1.10	1.26	1.30	1.44	1.41	1.36
学校図書	1.13	1.37	1.57	1.59	1.66	1.52
教育出版	1.25	1.41	1.50	1.69	1.59	1.38
啓林館	1.28	1.61	1.68	1.67	1.60	1.68
日本文教出版	1.25	1.66	1.79	1.86	1.82	1.57

　これをご覧になってどのように感じられたであろうか[7]。筆者はこれまで研修や講演の機会を頂戴する度に，多くの管理職や教員，さらに指導主事の方々にこういったデータを何度となくお見せし，主に次の点を指摘してきた。

　（1）教科書によるページ数の差異が大きいこと。
　（2）1時間当たりのページ数の変化に教科書による差があること，特に，ジャンプする箇所[8]が教科書によって異なること。
　（3）平成27年度からの教科書と平成26年度までの教科書では，同じ教科書会社であってもページ数に差があること，全体的にボリュームアップしているばかりではなく，教科書によってはジャンプする箇所が変わってしまっていること。

　読者諸賢も是非，ご自分の自治体で使われている教科書についてご確認いただきたいと思う。
　私の方から改めて説明するまでもないかもしれないが，何点か注意をしておきたい。いずれも，個々の教員が対処する事柄というよりも，学校全体で考えておくべき事柄である。
　一つ目は上記（3）の事例に関連する事柄である。自治体によっては，平成

（7）もちろん，学年進行に従う文字のポイント数の変化までも視野に入れると，もっと別の資料を提供するべきかもしれない。しかし，そういった事情は各社変わらないので，比較の際にはこの資料でも十分に用が足せると考える。
（8）1時間当たりのページ数について大きな変化があるところを指す。

26年度までと27年度からで小学校算数科の教科書を変更したところもある。そのような場合には，教科書が変更されたことへの対応を学校や自治体でも意識することもあるかもしれない。しかし，平成26年度と27年度とで使用する教科書の出版社が変わらなかった場合はどうであろうか。もし仮に，使用している教科書の新と旧とでジャンプの学年が移行していたとしても，そのことに気づきにくく，学年当初からそのことに留意した学校設計ができるのかどうかが懸念されるのである。ジャンプがある学年が移行するということは，算数教育で留意するべき学年が変わることを意味する。児童の側からすると，「難しくなったな」と感じる学年が移動するということであり，その結果算数でつまずく学年に変化が生じかねない。学校経営的な立場からは，算数教育に力のある教員を配置するのに適した学年がシフトするということである。

　二つ目はジャンプの学年の場所についてである。これは，6.1.3項で説明した第2学年の問題と関連する内容である。ご覧になって，第2学年または第3学年でジャンプのある教科書が数社あることに気づかれると思う。第2学年で算数の時間数が増加すること，さらに算数科における基礎基本が出そろうことを考えると，これらの教科書を使用する場合は，特に第2学年の算数学習への配慮を望みたいと思う。第2学年でジャンプがある教科書を使用するの場合，その理由はおわかりいただけるだろう。一方第3学年でジャンプがある教科書を使用する場合には，第2学年で取りこぼしが生じてしまうと，ジャンプのある第3学年で修復しにくいと考えていただければよい。

　小学校は算数教育だけで動いている訳ではないので，上記の主張はあくまでも一つの立場からの提案に過ぎない。しかし，小中一貫という立場，すなわち，単に小学校と中学校の間の接続に留まらず小中9年間を通して教育を見る立場においては，こういった小学校内での様々なジャンプに目を向け，対処する必要があると考える。それは算数教育以外であっても同様である。

　さて，この小学校の教科書におけるジャンプと比較するために，中学校数学科の教科書についても同様の調査を行ってみたい。こちらは，平成27年度まで利用されるものについての調査となる。まず，単純にページ数である。

表6-6 中学校数学科教科書ページ数比較

学年	中1	中2	中3
東京書籍	274	222	266
大日本図書	334	272	332
学校図書	284	228	284
教育出版	302	244	272
啓林館	280	206	268
数研出版	250	200	258
日本文教出版	276	206	238

　第2学年の教科書ページ数が少ないのは，授業時数が異なるからである。各ページ数を授業時数(第1学年：140時間，第2学年：105時間，第3学年：140時間)でわると次のようになる。

表6-7 中学校数学科教科書1時間あたりページ数比較

学年	中1	中2	中3
東京書籍	1.96	2.11	1.90
大日本図書	2.39	2.59	2.37
学校図書	2.03	2.17	2.03
教育出版	2.16	2.32	1.94
啓林館	2.00	1.96	1.91
数研出版	1.79	1.90	1.84
日本文教出版	1.94	1.96	1.70

　これらをご覧になって，どのように感じられたであろうか。ざっと見て気がつくのは次の点である。

　(1) 教科書によるページ数の差異があること。
　(2) 1時間当たりのページ数の変化で見ると，第2学年がピークになっている教科書が多く見られること。

第2学年は時間数が少ないにもかかわらず，重要な単元が目白押しである。方程式を連立させることを初めて学ぶし，○○関数という名称で呼ばれる関数が初めて登場するのもこの学年である。そして，何よりも，数学の根幹といってもいい「証明」が最初に登場する学年である。こういった重要な内容を扱うのに，ページ数が増えてしまうのはある意味理解はできる。

さて，小中一貫教育を話題にする以上，小学校第6学年と中学校第1学年を比較する必要があろう。ざっと見ておわかりのように，小学校第6学年と中学校第1学年とでは，教科書のページ数にはそれほど大きな差はないものの，授業時数が中学校では減少するので，1時間当たりのページ数が増加している。見た目は分厚くなっていないが，負担は増えているのである。とはいえ，小学校と中学校とで同じ教科書会社の教科書を使用するとは限らない上に，小学校の算数科教科書を出版していない会社もあるので，教科書会社ごとの比較にはそれほど意味はないかもしれない。しかしそれとは逆に，各自治体での採択に応じた比較が必要となる。平成27年度からの小学校算数科教科書と現行の中学校の教科書を1時間当たりのページ数で比較すると，増加が大きくなる組合わせでは1ページを超える組合わせさえも存在することは要注意である。こういった事態もあり得るので，小中の教員は，小学校第6学年と中学校第1学年の間の1時間当たりのページ数の差異を確認しておくべきであろう。

さてここで，教科書の話題に関連したことを一つ申し上げておきたい。これまで小学校算数科の検定教科書と言えば第1学年が合冊であって，第2学年以上は全て上下2分冊であった。それが平成27年度からは次のように変わることになった。

表6-8　算数科教科書の形態（H27から）

学年	小1	小2	小3	小4	小5	小6	備考
東京書籍	2分冊	2分冊	2分冊	2分冊	2分冊	合冊	
大日本図書	合冊	合冊	合冊	合冊	合冊	合冊	
学校図書	合冊	2分冊	2分冊	2分冊	合冊	合冊	6年のみ別冊付
教育出版	合冊	2分冊	2分冊	2分冊	合冊	合冊	
啓林館	合冊	2分冊	2分冊	2分冊	合冊	合冊	
日本文教出版	合冊	2分冊	2分冊	2分冊	2分冊	2分冊	全学年AB変形判

合冊化した理由については，それぞれの教科書会社のホームページに記載されている。小学校算数科の教科書のシェアーが大きい東京書籍と啓林館について引用しよう。まず，東京書籍の編集趣意書[9]には「中学校との連携」として次の記載がある（原文は「6年は算数のまとめの学年」の部分に下線）。

6年は算数のまとめの学年と位置づけて，小学校の内容を確実に身に付けるとともに，中学校入学時の環境変化に順応できるように，以下の取り組みをしました。
・1年間を通して，既習の内容をいつでも振り返られるようにするために，1冊にまとめました。
　　　（後略）

続いて，啓林館のものを見てみよう。同社の算数科教科書のデジタルパンフレット[10]を見ると，「第5・6学年を合冊で構成」として次の記載がある。

　　　（前略）
5，6年では，「全体の中で関係性が捉えられる子ども」像を想定し，子ども自身が1年間を見通したり振り返ったりしながら学習が進められるように，年間1冊の合冊という中学校と同様の形態にしました。
　　　（後略）

ともに中学校数学との繋がりを意識していることをうかがわせる。まさに，教科書が小中で近づき，これは学校の外から小中一貫をサポートしようという動きともとれなくもない[11]。なお，高学年において合冊にしている会社が多いが，どの学年から合冊にするかによって，小中を「5-4」とくくるか，「4-3-2」とくくるかも意識しているように思えてならない。

---

(9) この部分の記述には
http://ten.tokyo-shoseki.co.jp/text/shou/sansu/files/web_s_sansu_shuisho.pdf を参照した。
(10) この部分の記述には
http://shinko.ee-book.com/h27textbook/math/data/dp_detail_math.pdf を参照した。
(11) 形だけの問題と思われるかもしれないが，意外と形は重要なようである。浅学にしてよく知らないが，聞いたところによると児童や生徒という呼称をやめているところもあるようである。

6.1.5 学校経営の問題として理解する

子どもが以上のような段差に遭遇した際に，ジャンプできるように支援するのは各教員の仕事であるが，担任の配置や学校をあげてのサポートにも気を配ることをお勧めしたい。例えば，小学校第2学年に経験の浅い教員を配置する場合には，前述の点を理解した上で，学年全体でその教員をサポートするべきであるし，小規模校の場合には管理職が常に気にかけたりするべきである。その際，わかる算数の授業，たのしい算数の授業を心がけるのはもちろんのことだが，「数の理解」「繰り上がり，繰り下がり」「九九」の効果的な指導やこれらを通過する児童の現実的な数値目標なども設定することを勧めたい。というのも，これらはその後算数を学習する上での基礎体力とも言えるものだからである。ただ，数値目標を定める際には，「○○パーセントの児童が通過できれば良い」という意識で取り組むべきではない。○○パーセントの通過率を目指していたら，実際はもっと低い通過率に終わってしまうであろう。100パーセントを目指し努力をして，結果的に○○パーセントなら効果を認めようという意味での数値目標である。

また，前項の終わりで示唆したように，教科書による小中のくくり方への影響も考えられるので，学校経営の材料の一つとして見ていただければと思う。

6.1.6 「九九」の指導（寄り道）

講演や研修の際に前項のような話をすると，九九の定着が悪いのをどうしたらいいのかとしばしば尋ねられる。そんなときには「半九九」を紹介している。

1×1	2×1	3×1	4×1	5×1	6×1	7×1	8×1	9×1
1×2	2×2	3×2	4×2	5×2	6×2	7×2	8×2	9×2
1×3	2×3	3×3	4×3	5×3	6×3	7×3	8×3	9×3
1×4	2×4	3×4	4×4	5×4	6×4	7×4	8×4	9×4
1×5	2×5	3×5	4×5	5×5	6×5	7×5	8×5	9×5
1×6	2×6	3×6	4×6	5×6	6×6	7×6	8×6	9×6
1×7	2×7	3×7	4×7	5×7	6×7	7×7	8×7	9×7
1×8	2×8	3×8	4×8	5×8	6×8	7×8	8×8	9×8
1×9	2×9	3×9	4×9	5×9	6×9	7×9	8×9	9×9

少し横道にそれるが，紹介しておきたい。半九九とは乗法の交換法則を利用して，約半分の九九を覚える方法である。前ページにあるのは通常の九九の表だが，これは，左上から右下に向かう対角線を対称軸として計算結果が等しくなる。そこで全て覚えるのではなく，下半分だけ覚えてしまおうという方法である。すなわち，覚えるところは，

1×1								
1×2	2×2							
1×3	2×3	3×3						
1×4	2×4	3×4	4×4					
1×5	2×5	3×5	4×5	5×5				
1×6	2×6	3×6	4×6	5×6	6×6			
1×7	2×7	3×7	4×7	5×7	6×7	7×7		
1×8	2×8	3×8	4×8	5×8	6×8	7×8	8×8	
1×9	2×9	3×9	4×9	5×9	6×9	7×9	8×9	9×9

となる。表をご覧いただくとおわかりのように，九九の表の約半分だけに限定しているので，半九九と言われる。そのため，約半分の記憶ですむし，特に子どもにとって難解な7の段は3つ，8の段は2つですむ。5以下の段は比較的覚えやすいとすれば，難解な6の段以上については，覚える個数は全体の約四分の一である。いかに労力が少ないか理解していただけると思う。

これで覚えておいても，実際の計算に際してはそれほど支障はない。問題を解いたときに，式が7×3となったとしても，計算は3×7としてもいいので，正しい答えは得られるからである。ただ，この手法を取り入れる場合には，個人の取り組みではなく学校で共通理解を得た上で，学校の取り組みとする必要がある。それは，この先の指導の中で，この方法で九九をマスターした子どもがいることを知っておく必要があるからである。

もちろん筆者は九九の学習の最初から直ちにこの方法を取り入れることを勧めているのではない。早くともaのbこ分を計算する$a×b$と，bのaこ分を計算する$b×a$の意味の違いをきちんとおさえた上で，「九九の決まり」として交換法則の成立を学んでからの導入となる。九九ができないことによるその後

への影響は計り知れない．掛け算の筆算にしても，割り算にしても，いちいち九九で引っかかっていたらそのときに学ばなければならないことに集中できない．これらのことによる損失と九九を半分だけ覚えることによる損失を比べると，九九を全て覚えられない場合には，半九九という選択肢も現実的であろう．

このように述べたところで，「半九九とて結局は九九ができない子どもへの対応ではないのか」と思われるかもしれない．しかし，小中9年間を見通した場合，半九九を用いる次のような利点もある．数学では，$1，4，9，16，\ldots n^2, \ldots$ のように整数の2乗で表される数を平方数と言うが，これが中高の数学ではある一定の重要性を持つ．先の九九の表をご覧いただいてもわかるが，通常の九九であれば，平方数は九九の通過点に過ぎない．ところが，半九九を用いた場合，全ての段は平方数の計算から始まる．人間は最初と最後のことはよく記憶するものである．そのため，半九九を使うと平方数の計算が印象に残りやすいのではないかと考える．

なお，九九の学習に際しては様々な取り組みがなされているようである．2や5といった易しい段から始めていると，7や8といった難しい段に来たときに息切れするという理由で，先に難しい段から始めているところもあるように聞く．

個人的なことにページを割いて申し訳ないが，ここで筆者自身の子どもの頃の実体験をお話しておきたい．実は筆者は半九九で九九を覚えた一人である．確か小学校に入学して間もなく，大正生まれの父から風呂場で九九を覚えさせられた．正しく言えると湯船から上げてもらえるという取り決めだった．実は，そのときに覚えた九九が半九九であった．念のために申し上げると，あとになって困らないようにという親心程度で，特に英才教育を施されたのではない．父は半九九とは言わず，それを九九と呼び，九九は上の段になるほど簡単だと常に言っていた．実際私もそう思ったし，小さい頃だったので，半九九でなければ覚えられなかったかもしれない．2年生になり，通常の九九をみんなで唱えるときには，「できない」と思われるのが嫌だったので，必要なときには頭の中で逆転させて唱えていたことをよく覚えている．掛け算の意味はわかっていたので，文章問題で式を 7×3 と書かなければならないときには，そのように書いていたが，頭の中では常に 3×7 で計算していた．通常の九九がしっかり

頭に入ったのは，ずっとあとだったと思う。だが，それで不自由な思いをしたことはこれまで一度もない。

6.2 「教科」の捉え方

6.2.1 算数科・数学科というくくり方

「算数科・数学科」とひとまとめにして語られることが多い。講演の要請がある場合，講演のタイトルも「小中一貫教育における算数科・数学科での授業改革」などのように，算数科と数学科がまとめられていることがしばしばである。便宜上，このようなまとめ方になるのは理解できるが，そのことによって抜け落ちてしまう見方も少なからず存在したのである。算数科と数学科は連続性と同時に独自性をも持つのである。

前書[12]で筆者はその繋がりについて次のように述べ分類した[13]。算数科・数学科の特徴を語る上で重要であるので，ここに引用する。

算数科で学習する一つ一つの事柄をもとに，数学科の学習においてそれと関連性のある問題や課題を作ることは可能であるが，中学校数学科での学習には算数科の学習のすべてが直接的に用いられている訳ではない。そこには，直接的なつながり以外に，教科指導上，教科特性上の要因により，次の形態が存在する。

（ⅰ）算数科から数学科へ取捨選択的につながるもの。
（ⅱ）算数科・数学科の中では算数科で終わってしまい，中学校数学科ではほとんど登場しないもの。
（ⅲ）それ自体の学習は算数で完結し，そのあとは他の学習事項を活用する場面で登場するもの。
（ⅳ）つながりが算数的・数学的考え方のレベルでの，深層的なものであって，表面上のつながりがはっきりと見えないもの。
（ⅴ）言葉の定義，概念へのアプローチが算数科から数学科へ変化しながら，つながっていくもの。

---

[12] 西川信廣，牛瀧文宏共著：「小中一貫（連携）教育の理論と方法―教育学と数学の観点から」（ナカニシヤ出版）
[13] 同書でも述べたが，この分類には，もちろん共通部分が存在する。雑駁な分類である。

> (vi) 数学の学習で新しく登場するもの。
>
> 算数科・数学科に関しては，これらのことが正しく理解できることが，小中一貫教育の遂行には必要である。

　私は，このことを当初から申し上げて講演や研修を実施し今に至る。この活動を始めた10年前頃には「算数科が他教科へ繋がっていることについて，これまで指摘されたことがなく，初めて知りました」といった感想を少なからず頂戴した。最近ではかなり改善されてきたように思えるが，まだまだ，認知されていないことも多い。

6.3　小中一貫での「理数教育」

6.3.1　「教育課程の特例」から

　前出の「小中一貫教育の制度化及び総合的な推進方策」の第4章は「小中一貫教育の制度設計の基本的方向性」となっている。その第6節は「教育課程の特例」であって，次の記載がある。カリキュラムを考える上で重要なことであるので，少々長くなるが引用しておきたい。

> ○　実態調査の結果，これまでの全国各地における小中一貫教育の実践においては，研究開発学校制度や教育課程特例校制度の下で，様々な特例の活用が見られた。当部会としては，これまでの取組の実態等を踏まえ，小・中学校段階の接続の改善を含む一貫教育の質の向上や，地域の実態を踏まえた多様な取組を推進する観点から，小中一貫教育学校（仮称），小中一貫型小・中学校（仮称）に共通するものとして，おおむね下記のような特例の創設を検討することが適当であると考える。なお，教育課程特例の詳細については今後，教育課程部会における専門的審議を踏まえて検討を深めていくことが望まれる。
> 【小中一貫教科等（仮称）の設定】
>
> （1）小中一貫教育の核となる独自教科等の追加
> （2）小中一貫教科等による他の各教科等の代替
> （3）小中一貫教科等の授業時数による他の各教科等の授業時数の代替

【指導内容の入替え・移行】
 (1) 各教科等の内容のうち相互に関連するものの入れ替え
 (2) 小学校段階の指導内容の中学校への後送り移行
 (3) 中学校段階の指導内容の小学校への前倒し移行
 (4) 小学校段階における学年間の指導内容の後送り又は前倒し移行
 (5) 中学校段階における学年間の指導内容の後送り又は前倒し移行

○ なお，こうした特例の活用を可能とすることにより，小中一貫した指導の核を設けることは，小・中の教職員が一体的に教育活動を行う契機を作る意味でも重要であるが，優れた先行事例の中には，現行の学習指導要領の枠内で一貫した教育課程を編成実施し成果を上げている自治体もあることから，特例の活用の有無や方法については，市町村教育委員会の主体的な判断に委ねることが適当である。

「教育課程部会における専門的審議」を待たずして，意見を述べることの意味の是非が問われる所かもしれないが，筆者がこれまでに行ってきた経験をもとに，上の記述に関連して次の点について述べたいと思う。

(1) 理数教育に関わる小中一貫教科等（仮称）の設定
　(ⅰ) 算数科・数学科に代替する科目の設定
　(ⅱ) 算数科・数学科以外での科目の設定
(2) 算数科・数学科での指導内容の入れ替え・移行
(3) 現行の学習指導要領の枠内でできること

6.3.2　算数科・数学科に代替する小中一貫教科の可能性

まず，67ページに記載したような目指す子ども像を設定した場合，現在の算数科・数学科に代替するような小中一貫教科の設置は果たして有効だろうか。筆者はこれに対して否定的である。その理由は次の通りである。まず第一に，算数科・数学科は基礎的な教科だからである。基礎的というのは，全ての土台になるということである[14]。自然科学である「理科」については言うに及ばず，

---

[14]「基礎になる問題」や「応用的な問題」などという言い方があるため，「基礎的」という言葉を「易しい」と勘違いすることもあるが，それは意味を取り違えている。

社会科で必要な表やグラフの読みにしても，そこに必要なのは算数科・数学科での学習内容である。何かをそれに取って代えようものなら，土台が揺らいでしまう。表やグラフの読み取りなどを含めて，「読解科」などの科目を設定することには異議を唱えるものではないが，それを既存の算数科・数学科に取って代えようとすると，基礎固めをしっかりしなければならない時期を失ってしまうことになると考える。

　第二に，算数科・数学科が系統性がはっきりしている上に，その系統性に依存する形で，習熟が図られていくからである。これを他の物に置き換えようものなら，練習時間不足が発生したり，体系的に練習できなくなったりして，技能の確かな定着が望めなくなると考える。

　以上のような理由で，筆者は新しい小中一貫教科で算数科・数学科を代替することには，否定的である。だが，今までにないものを導入するという意味で独自に現在の算数科・数学科を膨らませることはあり得ると考える。実は以前には小学校で学習したものの，現在はなくなってしまっていて，しかも中学校や高等学校でも扱わなくなった内容がある。例えばそのような内容を取り上げることで，学習を膨らませることも考えられる。その一例をあげてみたい。

　平成27年度から用いられる啓林館の「わくわく算数6」に「卒業遠足のしおりづくり」と題したページがある。そこに次の記述がある[15]。

> この動物園は1967年に開園しました。その年の入園者数は46万人でしたが，その後少しずつ減っていき，1996年には26万人になってしまいました。

　この部分を児童に読ませる際の指導上の留意点にお気づきだろうか。もちろん1つは，人数が概数で書かれていることに子どもが気づくかどうかである。この文書は，概数（人数）とそうではない数値（年）が混在している。文章もあとの方を読んでいけば，値段という概数ではない数が登場する。概数を作ることができることと，なぜ使い分けるのかを考察できる力は別物であろう。こういった点は教科書では問題になっていないが，教室で考えても面白いと思う。

---

[15] 同じ例は平成26年度までの算数科の教科書にも掲載されている。

さて，もう一点あるのだが，読者諸賢はお気づきであろうか。おそらく，筆者が学習した頃だったら，この記述は「この動物園は1967年に開園しました。その年の入園者数はのべ46万人でしたが，その後少しずつ減っていき，1996年にはのべ26万人になってしまいました」と書かれていたはずである。46万人や26万人の中には2度3度動物園に足を運んだ人がいるかもしれない。このように同一の人であっても2回入園したら，それを2人と数える方法が「のべ（人数）」の考え方である。

筆者が小学生だった頃には，「のべ」の学習は「平均」の学習とともにあった。例えば，ある週の学校の図書室の本の貸し出し冊数が，月曜日から金曜日まで順に，40冊，50冊，45冊，55冊，60冊だったとする。現在の教育課程では平均を求めて終わることになるが，私が学習した頃には，
$$40 + 50 + 45 + 55 + 60 = 250$$
より，「のべ250冊の本が貸し出された」という表現も同時に学習した。これは，同じ本が貸し出された場合も複数回数えて計算した貸し出し冊数である。そして，のべ冊数を日数でわることで平均が求められると教わった。

表現上の問題だけではないかと思われるかもしれない。しかし言葉を持つことは思考の幅を広げる。ましてこれが，一般に使われない概念や意味のない概念だったなら，こういう提案は行わない。実際に「のべ」という概念は今も生きているし，物事を正しく判断する上でも重要なのである。例えば，ある高等学校からある大学への合格者数が60名と書いてあったとする。この場合，その合格者数が「のべ」なのか，そうでないのかで大きな違いとなる。もしものべ人数であったら，同一学生が複数回受験したことによる複数合格をその回数分数えていることがわかる。実際にいろいろな高校のホームページを検索してみると，「のべ人数」の記載を容易に発見できる。

さて，「のべ」の考え方は「平均」の学習を膨らませることができる。例えば，日常ありそうな次の問題を考えてみよう。

友達といっしょに5人で電車にのったところ，座席が3つあいていました。目的地までは20分あります。みんなが等しく座るには何分ずつ座ればよいでしょう。

答えはもちろん，
$$20 \times 3 \div 5 = 12$$
より12分である。$20 \times 3 = 60$で座席に座れるのべ時間を求める。そして，それを人数で割ることで求めるのである。この例の場合，入園者数や本の貸し出し冊数と違い60分は非常に仮想的な時間である。それを説明するには「のべ」の考え方が相応しい。

また，「のべ」の考え方は反比例の学習が小学校の教育課程に戻った今，大変有用である。先ほどの例でも反比例が見えているが，次の問題ならもっとよくわかると思う。

> 2人の人が働くと15日で終わる仕事があります。この仕事を3人で働くと何日で終わりますか。

答えはもちろん10日である。全体の仕事を1とおけば，ひとり1日あたりの仕事は$\frac{1}{30}$となることから計算してもよいが，この問の答えは人数とかかる日数が反比例することからもすぐにわかる。従って反比例の式
$$（人数）\times（日数）=（比例定数）$$
という関係が成立するのであるが，この比例定数こそ「この仕事に必要なのべ人数」である。

いかがであろうか。ここで述べた「のべ」の事例は小学校第5学年（「平均」の単元）から，中学校第1学年（「比例と反比例」の単元）まで利用できる。特に小中一貫の新科目を作るわけではないが，既存の教育課程を少し膨らませることで対応できるものである。これに当てる時間があるなら，このような「拡張算数」や「拡張数学」を提案したい。

言葉を持つことは思考の幅を広げる。既存のカリキュラムを小中で膨らませることで，67ページに述べたような子どもの育成に繋げることが可能であると考える。

6.3.3 算数科・数学科以外での科目の設定

週1時間程度の授業で，67ページに述べたような小中一貫の科目を新たに設

定するとなると，通常の算数科・数学科の学習を土台にした上で，その活用や活動を主な目的とした学習が適していると考える。

例えば次のような内容を取り扱う教科が考えられる。

1つ目の例は表やグラフも言語として捉えて，読解や表現を行うような科目である。これは，言語や読解を意図した既存の小中一貫教科の中で展開することも可能であろう。総合学習的になるとも予想されるが，統計の読みには，代表値として平均値だけではなく最頻値や中央値を利用することまでを，小学校段階においても視野に入れたい。また，中学校第3学年ともなると現在の高等学校の数学Ⅰの内容[16]を取り入れることも視野に入れて良いと考える。

2つ目の例はもっと純粋に算数・数学と結びついた内容を扱う教科である。教科の名称は「数理活用・活動」などである。小学校では授業中に活動が多く取り入れられるが，中学校ともなると，小学校ほどではない。またせっかく教科書に興味ある活用例が掲載されていても，そこまで消化できないこともある。中学校においては，このように通常の授業を補完する意味も持つ。

このように提案したところで，教材をどのようにするのかという疑問が残るかもしれない。既に授業時間以外に算数的活動や数学的活動を実践している学校や自治体なら，それを膨らませることも考えられる。だが教材までも全て学校や自治体で準備するとなると，確かに負担が大きい。その結果，途中で断念するという事態にも陥りかねない。そうなってしまうと元も子もない。

年間授業計画は立てないといけないが，教材としては次のようなものを用いることができる。中には学年をわたって使えるものもある。

・教科書の巻末などにある，課題学習的な内容。
・指導書に書かれている活動。
・学習指導要領に書かれている，算数的活動と数学的活動。
・立体図形の作成。
・そろばん[17]。

---

(16) 分散や標準偏差，それに相関係数など。ただし，平方根を必要とする概念が多いので注意を要する。

・高等学校の「数学活用」の教科書の内容。

　他にも，この時間を利用して大学の教員や科学館などの学芸員に出張授業を依頼することも考えられる[18]。「算数・数学の自由研究」などを主催している団体もあるので，そういうところに学校でチャレンジするのもいいだろう。
　もし，こういった教科を立ち上げるのであれば，理由を説明することと方法を述べることを重視して欲しいと思う。かつて筆者が関わったある小学校では，「算数探し」という活動を算数の授業とは独立して実践していた。生活の場面や身の回りにあるものから算数を見つけて，それを文章化するのである。いいものは，廊下に掲示するなど，学校をあげて取り組んでおられた。その活動自体は大変評価されるものである。ただ，児童の作品を見ると偏りがあった。題材を生活の場面に求めたのか，ほとんどが個数や値段を求めるといったもので，しかも高学年でさえ使われる数は整数の範囲であった。この学校だけの事例をもとに述べるのは差し控えるべきかもしれないが，この類のことを実践する場合には，例えば次のような指示が必要だと考える。

　　・小数や分数も探してみましょう。
　　・数だけではなく，形についての注意しましょう。
　　・「なぜだろう」や「どうやって」ということも考えてみましょう。
　　・変化するものについても探してみましょう[19]。

　実例を示すことも重要である。至る所に算数の題材はある。新聞や新聞広告に数は溢れているし，姿あるものは形を有する。それらはすべて算数の題材となり得る。大切なのは，それに気づかせる支援である。

---

(17) 兵庫県尼崎市は小学校第3，第4学年に「計算科」という名称でそろばん指導を取り入れている。
(18) 算数や数学であっても，学校で用意するのが難しいようなもの（例えば立体図形やコンピュータの活用など）を用意して，出前授業をしてくれる方も多い。そういうものを積極的に活用することをおすすめする。逆に，簡単なワークシートと黒板で出張授業された場合には，教員はその手法を盗むチャンスと考えれば良いと思う。
(19) これは難易度が高い。

6.3.4 指導内容の入れ替え・移行

ここでは，学年や校種をまたがる入れ替えと移行について考えたい。算数科・数学科は体系的に作られている上に，スパイラル学習の効果も考えて配列されているので，入れ替えることは基本的に難しい。

移行については，スピードを上げる(下げる)ことで検定教科書の順番を保ったまま前倒し（後送り）する方法と可能なところをピンポイントで前倒し（後送り）を行う方法があって，適宜使い分けることになるだろう。

需要があるのは前倒しであろうから，そちらについて考えてみたい。検定教科書の順番を保ったままの移行であれば，それほど問題なく前倒しは可能であろう。ここでは，数学科から算数科への前倒しについて考えてみたい。筆者は算数科・数学科で言えば，「正の数　負の数」での一部までは小学校への前倒しは比較的容易に行えると考えている。さて「一部」というのは，負の数をかける乗法や負の数でわる除法の計算を伴う計算を除いた部分を指す。というのも，これらの計算にあたっては，小学校での掛け算の意味では理解できないからである。周知のように，小学校で学習する掛け算は，一つあたりの大きさが与えられているとき，そのいくつ分かにあたる大きさを求める演算である。だから，「−3こ分」などと言われても意味が伴ってこない。それ以外の計算（加法や減法，正の数をかける乗法，正の数でわる除法）は，温度計やトランプの赤黒などを使うことで説明も可能であるし，比較的簡単にわかりやすい。

算数科では新しい数を学ぶたびに，演算を拡張していくのだが，そのときには次のような手法が用いられる。

（1）日常的な現象をもとにして，それを表す演算を決定する。
（2）その現象に対して，別のアプローチから演算の答えを導出する。
（3）両者を結びつけて演算の方法を得て，それを一般に捉える。

例えば，1ｍの値段が80円のテープを1.3ｍ買うとその代金はいくらになるか，という問を設定する。これを上の番号に対応させると，次のようになる。

（1）1ｍにつき80円のテープの1.3ｍ分だから，演算は80×1.3になる。

(2) 0.1mは1mの$\frac{1}{10}$なので，0.1mあたりの代金は8円である。1.3mでの代金は1m分の80円と0.3m分の8×3＝24（円）で104円になる。また，この代金は，次のように考えてもよい。すなわち，1.3mは13mの$\frac{1}{10}$だから代金も13mのときの$\frac{1}{10}$になる。よって求める代金は80×13÷10＝104から104円だとわかる。

(3) このようにして，小数第1位までの数をかける計算は，整数の計算として実行し，結果を10でわればよい。

という流れである。

もし，負の数をかける計算を小学校にまで前倒しするとなると，指導の継続性を担保する必要から，これまでと同様の方法で指導したいという要望もあろう。その場合には，次のような方法も可能である。

例えば，4×(－2)という計算を考えるには次のように行う。

(1) 1メモリが1cmの数直線を考える。数が増えていく向きに毎秒4cmの速さで動く点が，今0の場所にいるとする。2秒前にいた位置を考えよう。2秒前は(－2)秒後なので，この計算は4×(－2)となる[20]。

(2) 数直線を考えると，2秒前には0から負の方向に8だけ離れた位置にいる。この位置は－8である。

(3) よって，4×(－2)＝－8である。このように正の数に負の数をかけるには，絶対値の積を計算し，マイナスの符号をつければよい。

といった具合である。このようにして，負の数に負の数をかける計算や除法もある意味小学校からの延長で説明できる。また，4×2＝8，4×1＝4，4×0＝0と，かける数が1減ると答が4減ることから，4×(－2)＝－8を導く方法もある。ただ，小学校の教員が担当するとなると，これまでとは異なる方法での乗法の指導になるので，やりにくいかもしれない。

---

[20] ここで，形式不易の原理を用いている。

続いて「文字の式」である。筆者はここまでが前倒しできれば，そのあとはほとんど問題なく進めていけると考えている。算数科・数学科で「文字の式」を繋ぐとき，最も課題になるのが，乗法の順序に関する事項である。例えば，1つa円の品物を3個購入したときの代金について，小学校の表記では$a×3$と表す。aは1個あたりの値段を表すので，あくまでもaがかけられる数であり，普通$3×a$とは書かない。ところがこれを文字の式で表記すると$3a$であり，文字通り読めば，$3×a$を表す。もし，「文字の式」まで前倒しを図るのであれば，$a×3$であっても，文字式の約束によって，掛け算記号を省略した上で数を先に書くので$3a$と表すという理解を持つ必要があるだろう。

もし以上のような前倒しを検討するなら，指導法についての検討は重要なところであるので，慎重に協議を重ねていただきたい。

また，ピンポイントで前倒しを行うことは，学年間であっても中学校から小学校であっても可能な箇所はある。ただ，カリキュラムの構造は複雑であるので，注意を要する。例えば，「計算」は「計算」だけで完結していない。小数や分数の計算を行うには，「長さ」や「かさ」の学習が先行している必要がある。また，前倒しにより学習の空白が生じてしまうことにも配慮が必要である。例えば，中学校第1学年での立体図形の学習をピンポイント的に小学校第6学年に下ろしてしまったら，中学校第2学年で立体図形の学習がないため，この分野の学習の空白が広がってしまう。

実は，筆者は啓林館の小中企画部からのご依頼で，小中の算数科・数学科において前倒しができる箇所について調べ，それを教員向けの指導資料の中に掲載した経験を持つ[21]。各学年の指導内容と関連性の強い上学年の指導内容からピンポイントで前倒しできるものをピックアップした。そこで次のように記した。

第2部では先取り学習の例を挙げています。選定に当たっては，当該学年の授業内容と関連し，なおかつ大きくかけ離れないこと，教科書をほぼそのまま利用して授業が

---

[21] 啓林館：算数科授業のポイント―「学びのつながり」をいかした「指導上の留意点」と「先取り学習の例」

できること，それぞれ別個に利用できることを前提としました。もちろんこれは必ずしも先取り学習を推奨するというものではありません。発展学習の一つとしてみていただいたり，自治体の独自カリキュラムの作成が必要な場合には，その参考にしていただければよいかと思います。

　主として，先生方の負担や学校全体での方向性の統一を考えて，このような条件をつけたが，上の学年の教科書から直接引用することで，子どもの自尊感情に働きかけようともした。しかし，この条件を満たしている箇所はそれほど多くない。例えば，当該範囲としては連続性があっても，そこで使用されている計算が難しくなっていたりするのである。もし，同様のことを学校で実践されるなら，くれぐれも注意されたい。

6.3.5　現行の学習指導要領の枠内でできること

　教科書や既存の教材を用いるにせよ，小中一貫教科の設定や前倒しを実際に行うことは，日々の授業改革で対応できる程度のものではない。それでも何か進めたいと考えれば，現行の学習指導要領の枠内でできることを考えることが現実的であろう。

　64ページで示したような，分数に整数をかける乗法の計算をどの学年から変化させるのかという議論にしても，指導法に関わる部分であって，この範疇に入る。

　学習指導要領の枠内でできることについては，前書でも例示をしているので，そちらの方を参照いただければいいと思うが，ここで関数的考え方につながる小学校低学年からの指導として，筆者が日頃講演している内容から少し紹介したい。関数的考え方につながる力としては，関係を捉える力と変化を捉える力が必要である。前者への対策としては，次の取り組みが有効であろう。

　　・文章問題では言葉の式を書き，いろいろな数値を代入する。
　　・文章問題文の中の動詞や形容詞に着目させる。

　後者への対策として，次のようなものは小学校第1学年から可能である。

・単に足し算の計算をするだけではなく，足す数が 1 増えると答えも 1 増えることなどを知る。

・10 の補数の学習では，一方が 1 増えると，補数は 1 減るといった変化を捉える。

・文章問題文の中の数値を変えて変化を見る。

こういった変化を児童が発見していく授業作りに期待したい。授導者にはその発見を支援することで，子どもの興味関心を育てていただきたい。

7 算数科・数学科における小中一貫教育のための授業づくり

7.1 授業のスタイル

7.1.1 ご質問を引用して

小中一貫教育や小中連携教育に関する研修に講師として呼ばれると，しばしば次の質問を受ける。

「小学校と中学校と授業のスタイルをあわせた方がいいのですか？」

研修に先立って，講演内容への依頼の中にこの質問が含まれていたり，講演後に質問されたり，個々の教員との話の中で尋ねられたりと形態は様々であるが，様々な立場の教育関係者から，この点に関してしばしば意見を求められる。ご質問の内容は兎も角として，ご質問の意図はよく理解できる。研修や講演会に限らず，小中一貫教育関連で小中の教員が集まる際は，小中一貫した生活指導・生徒指導の改善や授業改善を目的とすることが多い[1]。授業改善を話題にしたら，授業の違いに目が行くし，生活指導・生徒指導であっても授業中の子どもたちの態度に触れれば，当然授業にも目が向く。

さて，読者諸賢なら上記の質問にどう答えられるだろうか。小中一貫教育というくらいだから，もちろんその通りだと思われるだろうか？ いや，そんなことは無理だと思われるだろうか？

実はこのご質問，なかなかくせ者なのである。そもそも「授業のスタイル」

---

(1) もちろん，独自カリキュラムの作成等で継続的に集まることもあるが，ひとたび完成してしまうと，それ自体を話題にすることは少ないように見受けられる。

とは何を指すのだろうか。「課題解決型」や「講義型」などといった授業づくりの典型のこととも，「問題理解，問題把握，自力解決，集団解決・共有，問題練習，振り返り」といった授業の流れのこととも取れる。いや，一つの授業の中には様々な要素が混在していて，一概に型にはめられるほど，簡単ではないという見方もあろう。もしかしたら，いい授業ほど，様々な方法を巧みに使い分けているかもしれない。例えば，教えるところをきちんと教えてから，それを前提として課題解決型の授業展開を行うという手法も可能である。このように考えていくと，「授業スタイル」というものがそもそも意味を持つのかということが疑わしくさえなる。

「あわせる」というのも様々な捉え方がある。一方を他方にあわせるのか，両者が歩み寄るのか，あるいは，全く新しい別の方向へともに進むのか，とり得る選択肢は様々である。

そこで，論点を明確にするために前出の「小中一貫教育の制度化及び総合的な推進方策」をもとに一つ一つ考えてみたい。この文書の中に「主な小・中学校段階間の差異」として，次のような記述がある。

> （1）授業形態の違い（小学校：学級担任制／中学校：教科担任制）
> （2）指導方法の違い（小学校：丁寧にきめ細かく指導，比較的活動型の学習が多い／中学校：小学校に比べてスピードが速い，講義形式の学習が多い）
> （3）評価方法の違い（小学校：単元テスト中心，関心・意欲・態度が重視される傾向／中学校：定期考査中心，知識・技能が重視される傾向）
> （4）生徒指導の手法の違い（中学校では小学校と比較して規則に基づいたより厳しい生徒指導がなされる傾向）
> （5）部活動の有無（中学校から部活動が始まり，放課後のみならず休日の活動を行う機会も増えるなど，生徒の生活が劇的に変化すること）

これらのことを踏まえた上で，「主な小・中学校段階間の差異」の（1）から（3）に対応する形で，先ほどの質問への私見を述べたいと思う。

7.1.2 授業形態の違いについて

小中一貫教育において議論の対象となるのは，小学校における教科担任制であろう。算数科・数学科に関する視点のみから考えると，数学への繋がりを考

慮したとき，高学年においては賛成である．ただ，教科担任制にする場合には，算数科から他教科への繋がりを十分に理解した上での授業展開がなされるべきであると考える．まず，小学校第5学年では社会科において地理的分野を学習するため，数々の統計資料が登場する．算数科との繋がりが大変濃いのである．実は，算数科で割合や円グラフ，帯グラフを学ぶよりも先に，社会科でそれらが登場することがある．学級担任が全て授業を行う場合には，両方を見ながら授業が可能であるが，教科担任が自分の科目だけにしか目配りができなければ，小学校において新たな教科の壁ができてしまうことになる．同様のことが小学校第6学年に対しては理科との間で発生する．

このような事態に対応するため，教科内容を見極めた上で，2教科を担任する複数教科担任制を導入することもあり得るのではないかと考える．例えば，第5学年においては算数科と社会科を1人が担任し，第6学年においては算数科と理科を1人が担任するといった方法も考えられる．

7.1.3 指導方法の違いについて

今後，初等中等教育においては，教室の前で教員が知識を伝授する一方的な授業スタイルは，一部の例外をのぞき立ち行かなくなると考えている[2]．ただこれは授業改革の勝利を予言している訳ではない．今日，単に知識を伝授するだけの授業であれば，そこに教員は必要であろうか？　ビデオなどで十分である．ビデオだとわからなければ何度でも繰り返し再生できる．同じことを生身の教員に求めたら，鬱陶しがられる．ビデオだとわかりきったところはスキップすればいい．だが，実際の授業ではそれはできない．しかも，そのビデオも簡単に持ち出せるようになった．録画したビデオをテレビの前で見なければならない時代はとうに過ぎ去った．様々な知識を伝授してくれる番組がネット配信され，学校以外で学ぶ機会は増加し，学びの形態も変化している．決まった時間や決まった場所でなければ，知識が得られないという時代ではない．

既に録画済みのビデオだと学習者に参加している意識がないことも考えられ

---

(2) こういうものが存在するかどうかは定かではないが，門外不出的な受験テクニックを教えたりするような場合など，そこに来なければ絶対に聞けないような授業を想像していただければよい．

るが，ネット回線を活用したネット授業では，学習者の意見等をリアルタイムで吸い上げることも可能であるし，受講者同士のディスカッションも可能である。

　筆者は小中で「指導方法の違い」を議論している時代はもう終わりが来ると考えている。小中ともに，その場に生身の子どもたちが実際に集まることではじめて成り立つような指導に変わっていくべき時期にさしかかっているのではないか。そこではICTの効果的な利用も期待したい。

　2014年に，紙の教材を販売している会社の方々の集まりで講演をさせていただいたことがある。このICT利用の流れの中で紙の教材がタブレットPCに取って代わられるのではないかとどなたも危機感を持たれていた。しかし，タブレットPCの向こうには，教材だけではなく指導者も待ち構えている。しかも，名だたる講師が並んでいる可能性だってある。数多くの小中高教員と接する機会があるが，タブレットの向こう側の授業配信が自分の授業に取って代わるのではないかという感触を持っておられる方にはそれほど出会わない。

7.1.4　評価方法の違いについて

　かつて，小中一貫を推進されていた方から，小学校に定期試験を取り入れることの是非について意見を求められたことがある。評価方法の統一に関心を寄せられている方は確かにいらっしゃる。

　確かに定着を図っていくには，定期試験は効果的かもしれない。試験勉強により知識が定着し，それが次のステップへの土台となることは否定できない。しかし，それは小学生が試験勉強をきちんと行った場合のことである。もし試験勉強を行わなかったら，その影響が中学校にまで及ぶことになりかねない。算数科・数学科に限って言えば，小学校では単元数が多く，一定の期間にいくつもの単元を学習する。そのため，試験勉強が担保された上での定期試験であれば，試験勉強が復習学習として効果を発揮することは期待できる。しかし，試験勉強が伴わないと，数週間前の問題が手つかずになってしまうことにもなりかねない。

　以上のように評価方法については，単体で議論できない問題である。

7.2 授業づくりへのヒント

7.2.1 授業には理由がある

　優れた授業を行うためには何をしたらいいのであろうか。小中一貫教育や，算数科・数学科に限る必要はない。答えは簡単である。指導するべき教材と目の前にいる子どもたちに則して考え抜いた上で，適切に授業を行えばよいのである。授業中の全ての行動に対して，その理由を説明できるように授業をするべきなのである。

　筆者は，授業のあとの研究協議では，授業者との対話を中心に助言を行う。授業展開に関わる部分で授業者に向けて発する言葉のパターンは，次の一つである。

　　「授業開始○分□秒の時，先生は△△されましたね。他にもいろいろと方法があるかもしれませんが，なぜ，そのようにされたのか，その意図を伺いたいと思います。どうでしょう。」

　もちろん，「先生は△△されましたが」の部分は，「△△という活動を子どもにさせられましたが」や「△△と言われましたが」や「問題△△を取りあげられましたが」などに変化し，それに伴い質問も変化する。「△△」が授業のキーとなる部分であることが多い。念のために申し上げると，これは決して授業者を責めるための質問ではない。そもそも1回1回の授業の目標や単元の目的は決まっていても，そこに至る道程は複数ある。指導ひとつにしても様々な選択肢がある。その中で，なぜそれを選んだのかという点への確認なのである。その選択が適切な場合には，きちんと答えが返ってくる。その場合には，きちんと評価し参加者で共有する。

　それ以外の場合が曲者である。何も考えないで「△△」してしまったか，単なる思いつきでやってしまった場合，または，教科に関係ない理由で「△△」してしまった場合が問題である。

　なんとなく授業したのではなく，きちんと考えて授業をしているかどうかを

確かめるために，授業のキーとなる箇所について，その行動の理由を問うのである。何も考えていなければ黙ってしまわれることもあるが，通常は（理由が後付けであったとしても）様々な回答がある。考えて行ったとしても改善の余地があったり，授業者が考えて行ったかどうかをさらに確認する場合には「それなら，次のような方法は考えられませんか？」と切り返して，別の案を提示する。そして授業者のみならず，参加者にも考えてもらう。もし，何も考えずに授業者が行動しているなら，授業は考えて設計しなければならないということも伝わる。改善の余地がある場合には，その程度により，その後の指導を変えていく。ある程度考えられた授業であれば，基本的に私の案を受け入れるかどうかは授業者に委ねるが，あまりにも課題がある場合にはなぜ授業者の授業実践に改善の余地があるのかを述べた上で指導を行う。学生の例で恐縮であるが，彼らの模擬授業を見ていると，しばしば授業とは無関係で意味不明な活動を取り入れることがある。上記の問いかけを行ったところ，「授業を面白くして生徒を振り向かせたいからです」という答えが返ってきたことがある。もちろん「面白い」だけで活動を設定するべきではない。その活動の意味がわかり学習が伴わなければならない。さもなければ，毎回「面白いこと」をせねば授業が進まなくなる。しかも他に成すべきことが山積する授業時間に行うべきではない。もちろん現職教員でこのようなことをする人はいないと思うが．

7.2.2 指導案を書くこと

指導案の書き方は実に様々である。隣の市に行くと，書き方が変わるということは稀ではない。中には自治体や教科研究部会などで指針を作っているところもあるが，同じ自治体であっても学校によって差があるところも存在する。校種によっても差があることもある。特に何の取り決めもないところもある。こんな事情があって，教育実習生の中には，大学で学んだ指導案の書き方と異なるために，戸惑う者もいる。

指導案にはいろいろな目的と用途がある。例えば，

・授業のスケッチ図
・授業を掘り下げるための手段

・授業者としての自分を客観視するための手段
・授業後に授業を振り返るための手段
・提案型の研究授業においては，研究仮説の提示の役割

などである．自治体などで決められた形がある場合を除いて，基本的には自分がわかりやすい形で書いておけばよいと考える．しかし，経験が浅い教員は，指導案を授業力向上に繋げてほしいと思う．例えば授業終了後に反省点を赤ペンで書き，その単元のテスト終了後に児童・生徒ができていなかった所を青ペンで印をいれる．赤と青の場所が一致していない点こそ真に反省するべき点であり，この発見が授業力向上に繋がるのである．

筆者はしばしば研究授業や公開授業の助言指導を依頼される．そのようなときには，指導案を前もって書いていただいて，その指導案に助言を行うことにしている．授業者のペースに応じて助言を行う「個に応じた助言」を心がけている．何度も意見を求めてくる授業者に対しては，どこまでも寄り添って助言を行うが，一度助言を与えたっきり梨の礫になる授業者に対しては，催促もしない．

指導案の指導において，筆者が主に見るところは，「本時の目標」，「児童観・生徒観[3]」，「指導観」，「本時の展開」であり，続いて「教材観」である．これらが具体的に書かれているかを見る．「児童観・生徒観」，「教材観」，「指導観」をまとめて「指導にあたって」と書かれている場合もあるが，必要なことが書かれていたらそれで構わない．筆者が見たいのは，「こういう実態の子どもたちであるから，この教材をこのような点に留意しつつ指導する」という点が明確であるか，という点である．

このように指導案を見ていくと，教材と子どもの両方の立場から考えて授業を組み立てているかどうかがわかる．このため，指導案の書き方について，小

---

(3) これを誤解している指導案に度々出会う．ここは，本時の教材に対して，子どもたちがどのように向かい合えそうかを書くところである．いわばレディネスチェックである．クラスの子どもたちの学校生活での様子（例えば，明るいとか，仲良しだとか）だけを書いて終わらせてはいけない．もしそれを書くのなら，そのようなクラスの雰囲気等を本時の学習とどう繋がるかを指導観に示してほしい．

学校と中学校とで共通認識を持つことは，教材，児童・生徒，指導を考える上で一定の効果はあると考える。

　さて，授業の終わりに「この授業での学びの振り返り」（以後単に「振り返り」とする）を書かせることがある。中学校ではあまり見かけないものの，小学校では広く取り入れられている。指導案への助言をする際，もし「振り返り」を書かせる授業であれば，「本時の振り返りを書く」と単に書くだけではなく，「期待する振り返り」を指導案に書くように勧めている。指導案には「本時の目標」を書く。それは，教員の側から示された子どもの目標であって，子どもの声ではない。それに対して，この授業で何がわかったか，わからなかったか，どう自分が成長したかを，子どもの言葉として述べるのが「振り返り」である。それを子どもの立場にたって想像してほしいし，自分が実践した授業がどのように受け止められたらこの授業の目標が達せられたかを考えてほしいのである。子どもに，この言葉を言わせたいなら，どう授業を展開するかを考えてほしいのである。

　既に取り入れて実践にうつしてくださった学校もあり，それに基づいた実践指導を行った経験もある。そうすると，最初期待する振り返りとして「今日の授業で○○がわかりました」とだけ書いている教員が，「はじめ，私は○○のように考えましたが，□□という考え方もわかりやすいと思いました」のように書けるようになった。そして，それとともに指導案の中の「展開」もより具体的な記述になった。こういった実践事例もあるので，是非お勧めしたい。

7.2.3　意味のある活動を行うこと

　周知の通り，算数科と数学科の学習指導要領は，小学校から高等学校に至るまで，「算数的活動を通して」や「数学的活動を通して」で始まっている。こういった指導要領解説に基づいた活動の必要性の一般論に関して，ここで繰り返すつもりはない。前述のように，情報化時代の今日，ビデオやオンデマンド配信で事足りる単なる講義型の授業から抜け出し，子どもが仲間とそこにいることで育つようにするには，小中ともに効果的に活動を取り入れていく必要があると考える。

　算数科と数学科に限っての話となるのだろうが，活動を行う際に留意してお

くべき点について，私の思うところを述べておきたい。いずれも，これまでに数多く見てきた授業をもとに考えた結果である。

（1）だらだらと行わない。
（2）適宜，ヒント（ヒントカード）を出す。
（3）ペアーやグループで活動する場合には，可能なら役割分担を公平化する。
（4）目的が明確であり，その目的のために適切に設計されている。
（5）その活動や単元の奥にある教科内容に教員自身が深い理解を持つ。

簡単に説明しよう。（1）は主に時間管理についてである。授業中に活動を取り入れる場合，その時間設定が甘い場合が少なからず見かけられる。授業後に「この活動になぜ10分必要なのか」と尋ねても，「それくらい必要だから」としか戻って来ないこともある。それでは理由になっていない。それが結果的に授業時間を圧迫することもあるし，逆に時間を持て余してしまっている子どもが見受けられることもある。場合によっては，約束の時間を平気で延ばす教員さえいる。「普段消極的な○○君が頑張っていたから続けさせたかった」という答弁をこれまで何度となく聞いてきたが，これは絶対にしてはいけない。時間は延ばしてもらえるものということを間接的に子どもたちに教えてしまうことになる。いわゆる隠れたカリキュラムが発動する。もし，小学校でそういうことを続けていると，時間の定められた中学校での定期試験などに影響が出るのではないかと懸念する。

さて，小学校で多く見られる課題解決型の学習のスタイルを書くと，

・問題提示・問題把握
・個別学習
・ペアー・グループ学習
・全体学習（多様な考えの共有・練り合い）
・問題練習（適応題ともいう）（個別）
・学習の振り返り

となるだろうか。この流れの中で，個別学習やペア・グループ学習の所に活動がおかれる。そこで，個別学習や活動を円滑に進めるために，筆者は「問題提示・問題把握」のあとに，それを解決するための「見通し・方針」を立てる時間を設けることを推奨している[4]。基本的に一斉授業の形態で，今日の課題を解決するのに役立ちそうなことを，子どもから集めるのである。前の学習を振り返ることも考えられる。ただし，単なる復習ではなく，今日の学習に結びつけるために行うのである。科学の発達は，先行研究の上に積み上げられることでなされる。無から有は生じない。学習においても同様で，使えそうなことを考えたり，前の学習を振り返ることは当然のことなのである。このようなことを一旦はさんでおくことで，何をもとにして考えればよいか，活動すればよいかがわかる。その結果，時間も読めるようになる。

　（2）も（1）と同様に，だらだらとした活動を防ぐための方法である。ヒントカードは個別に与えればよい。個に応じた学習である。

　（3）は学びを均等に行うためである。例えば，中学校の「確率」の学習で実際にさいころを投げて結果を記録することをペアで行うなら，途中で役割を交代するなどの配慮が必要である。

　（4）は授業の設計と関わる部分の話になる。そして様々な側面を持つ。授業中の活動は，その教科の目的に沿って行われるはずであるが，必ずしもそのようになっていない事態に遭遇することがある。話が広がって恐縮であるが，「表現力を育む算数科授業の展開」といったような研究課題を掲げている小学校にしばしば出会う。筆者はこれには違和感を感じる。これだと，表現力の育成が目的であって，それに算数や授業中の活動が使われているように感じられるからである。もちろん算数科の授業としての評価がおざなりになっていなければよいのであるが，いくら表現力が大切だからといって，それだけで算数科を捉えられては困る。

　実際の授業でも，活動の目的がわからない授業に何度となく遭遇している。例えば，活動の理由を問うと，「全ての児童を参加させるためです」という回

（4）これは筆者のオリジナルではない。長年助言指導で関わっている自治体で行われている取り組みがもとになっている。

答を得たことがある。学級経営上の選択肢としてそのようにされたのだろうが，算数の授業としては問題である。中学校の感覚では，教科教育が優先されて，その中でみんなに発言させようといった意識が働くのである。小中一貫教育の実施に当たっては，こういった意識のずれがあれば要注意である。

　続いて，活動の適切性について考えてみよう。その活動が，本時の学習内容と同じ方向であったとしても，あまりに高度なことを行っていたり，結果的に時間がかかりすぎたり，収拾をつけるのが難しすぎたりしていないであろうか。活動が適切でないために時間がかかり，次の時間に授業を食い込ませる小学校の教員をしばしば見かけるが，こういうことを繰り返していると多方面に影響が出る。

　例をあげよう。小学校第5学年の授業で，台形の面積の公式を導く授業をしばしば指導することがある。まず，具体的な数値の与えられた台形の面積を求めさせ，それをもとにして公式にまで至るという授業をよく見る。公式を作らせようというのである。だが，あまりに子どもの考え方に振り回されると「いろいろな考え方」に対して収集がつかなくなり，1時間に収まらなくなる。また，公式化するのに難しい考え方も出てきてしまい，立ち往生することもある。筆者なら1時間で収めるために，教科書に書かれている補助線を示して，それをもとに公式を説明させる活動をとる。これは，数学の証明の学習と同じであり，数学の立場からすると，全く異様ではない。それどころか，1時間で収まり，問題練習までたどり着く。

　(5)については，活動を実に効果的に取り入れた授業に出会ったことがあるので，そのときの様子を紙上で再現することをもとに説明したい。数年前の年度末のことであった。ある政令指定都市の算数教育研究大会で小中一貫教育についての講演をさせていただいた所，講演後一人の教員が来られて，次のような要請を受けた。それは「本日，お話いただいたようなことを，年度初めに是非本校でお話をしていただけないか」といった内容のものであった。ここまではよくある話である。そして，ひいては自分の授業を見て欲しいと言われるのである。年度初めの授業を大学関係者に見せるとはいったいどのような先生だろうか，と思いつつも，日程の調整を行ったところ，その日が4月の初旬となった。調整の上，その日しかなかったこともあるのだが，驚くことに，その

教員が筆者に公開した授業は，自身が第2学年の自分のクラスで行う最初の授業だったのである。

　この授業がまれに見る素晴らしい授業であった。授業は棒グラフの導入であった。授業開始とともに，授業者はまず教科書の絵を示して，ここにいる子どもたちがどんな遊びをしているか尋ねた。あてられて口々に答える児童たち。授業者は完全に全ての児童の名前を覚えていた[5]。この授業で話題にする遊びを限定してから，授業者は全員に正方形の紙を2枚ずつ配布し，両方に自分の名前とここで話題にされている遊びの中から，何をしたいのかを書かせた。

　読者諸賢ならおわかりだと思うが，そのうちの1枚は，黒板に雑駁に貼るのに用い，もう1枚はグラフ状に貼るのに用いられた。ただ，この時のグラフへの貼り付け方に目を見張った。あらかじめ項目（この場合は遊びの種類）の書かれた模造紙を黒板に設置し，児童たちの方を見ながら，前に来て順に貼り付けていくように指示を出している。しかし指示だけではなかった。体をねじった体勢で，片方の手でスティックのりを黒板の模造紙いっぱいに塗りながら，児童たちの方を向いて呼び寄せていたのである。児童たちはセロハンテープなどを用いることなく，今まさにのりがついた模造紙の上に各自の紙を素早くそして整然と貼り付けることができたのである。これはかなりの時間短縮である。こうして，この学級の棒グラフが完成した。はじめて授業をする児童をここまで手際よく扱えることに正直驚いた。その直後は，通常の展開である。棒グラフ状に並べることでどんなことがわかるか，どんな良さがあるか，それを考えさせ，共有した。普通なら，ここで終わるか，振り返りを書いて終わる。しかし，続きがあった。「じゃあ，みんなもこれと同じものを作ってみようか」と言って，ワークシートを配られた。「みんなのカードはここには貼れないから，枠を塗っていったらいいよ」と言って，模造紙の「棒グラフ」を児童たちのワークシートに写し取らせたのだ。そのとき，教員が教えることなく，児童たちは前の模造紙の棒グラフの目盛を数え，その数値をワークシートに書いていたのである。そしてその数値をもとにして，自分のワークシート上に棒グラフを再

（5）小学校の教員からしてみたら当たり前のことかもしれないが，私のような者からすると，これは賞賛に値することである。

構築したのである。このとき，児童たちは自分で棒グラフを作成する体験をしただけではなく，「改めて書き直すときにはグラフのままより，数の方がわかりやすく便利だ」ということ，もう少し広げて言うと，「伝えるときには，棒グラフより数の方がわかりやすい」ということを学んだのである。

　活動を通して，グラフ化することの良さを指導できる授業は多い。しかし，多くはそこで止まってしまう。活動を通して数値の良さまでも気づかせることは，そうできるものではない。この授業でそれがなし得たのは，時間を徹底的に管理するためのキビキビとした動きと深い教科への理解があってのことである。

　4月上旬の授業を見て欲しいと言われたのは，あとにも先にもこのときしかない。これまで多くの方にこの授業の経験を話したが，学級開きをしてまもなくの授業を見せるなどあり得ないという。まことに勇気のいることであるが，どうしてこれが可能だったのかを筆者なりに考えてみた。実は，年度末に行われた前述の算数教育研究大会であるが，このときには初対面の子どもたちに授業をする研究授業がいくつか含まれていた。こういう環境の中で育った教員なので，可能だったのかもしれない。

　さて，ここで紹介した授業では，棒グラフの良さを教えつつも，数値が使いやすい場面も指導していた。いずれも活動を通してである。この授業で取り上げたのは多面的な解釈を与える行為であるといってよかろう。若干の寄り道になるが，これに同等な感じで筆者がしばしば講演で披露している話をここに掲載しておきたい。それは小学校第5学年の「割合」である。

　「割合」が活躍する場面として，「割引」がある。値段を引いてもらうなら，全商品100円引きなどということはあり得ない。高い商品はそれなりに多く値引きしてもらうし，安い商品を沢山値引きするわけにはいかないからである。そんな事情で値引きは割合と相性がいい。そんな訳で，「○○パーセント引き」という言葉が登場し，値引きの場合には割合が用いられる。ここまでだと，通常の授業でも扱う内容である。だが，本当だろうか？

　筆者の手元にはある新聞広告がある。値引きに関する広告である。高い物の割引額は大きく，安い物の割引額は小さい。だが，割引を使わず，全て実際の数値で元の価格と値引額と新価格が書かれている。どこにも「○○パーセント

引き」とは書かれていない。さて，何かおわかりだろうか。

　私の手元にあるのは，買手のつかなかったマンションの新価格設定の新聞広告である。読者諸賢も思い浮かべてほしい。不動産関係の広告で，「全物件○○パーセント引き」と書かれているのをご覧になった経験があるだろうか。ニュースでは，「都市部のマンション価格，10パーセントの下落」などと書かれることがある。ところが，筆者の経験が少ないだけかもしれないが，広告等では見たことがない。

　実際の教員研修や講演では，折り込み広告やネット広告を見せて，教員にその理由を考えてもらう。その際は，「先生方は日頃，子どもたちに『色々な考え方をしてみよう』と言われているのですから，ここは一ついろいろな考え方を出してください」ということにしている。多様な考え方を発表することは言語活動の一つでもある。しかし発表の中身が伴わなければ残念である。その中身こそ事象への多面的な解釈であり，その育成が柔軟な思考や固定観念からの脱却や批判的に物事を観察し思考する力などの育成に繋がると考える。

　さて，「全物件○○パーセント引き」などと書かないことの理由であるが，実は筆者も確かな理由を知る訳ではない。ただ，買手である我々が受ける印象が全てその理由になると考えてよかろう。大きな買い物であるから実数を見せる方が説得力があるとか，実数だと自分の収入と比べやすいとか，あるいは，「全物件○○パーセント引き」だと資産価値の下落をイメージするからということもあるかもしれない。

7.2.4　よく学ぶこと，そして豊かに想像できること

　多面的な解釈を与えることで，生徒に感動を生んだ授業をひとつ紹介しよう。教員主導で行われた授業であったが，問いかけが巧みであったために，生徒から盛んに意見が出ていた授業である。

　その授業は中学校第1学年の「円」の授業であった。円の性質を生徒に考えさせるために，次のような発問があった[6]。

（6）当日の会話は関西の言葉であったが，読みやすさのために，その色彩を若干弱めた書き方をする。

「円の形をしているものをいろいろと言ってみよう」

生徒からは口々に解答が出る。ただ，授業者が求めている解答が出ない。

「円の形をしたものが道路にもあるけど，誰かわかりませんか」

この問いかけに対して，一人の生徒がマンホールの蓋を答えた。授業者は待ってましたとばかりに，次の質問を発した。

「じゃあ，どうしてマンホールの蓋は円形なんだろうか」

見ていた筆者は，「お決まりのコースだな」とこの時判断した。円はどこも幅が等しい。これを定幅曲線と言う。だから，蓋は穴に落ちない。単にここに持っていかせたいのだろうな，と解釈した。だがそうではなかった。

「どこかから蓋を運んできて，近くに下ろすとしようか。そこから穴の場所まで持っていくのにどうするかな[7]」

「運ぶ」という生徒の声に対して，待ってましたとばかりに，

「蓋は鉄でできているから重たいよ」

と返す。すると，生徒からは「転がす」という声があちこちから上がる。それに対して待ってましたとばかりに，

「そうです。円形だから転がせるのです。これが円でなければどうだろう」

と切り返す。このように生徒とのやり取りが進み，一定の様子で転がる図形としての円の性質を捉えさせた。そして，

「じゃあ，実際に蓋をするときはどうだろう」

といって，黒板に正方形の穴と蓋の絵を描いて蓋をするそぶりをする。そうすると「四角いとはまりにくい」という声があがる。なるほど，四角いと四隅をきちんとあわさないとはまらない。生徒たちはそろそろ気づき始めている。そして，ある生徒が発言する。

「円なのでどの向きに置いてもはめられる」

と。以上のことは中学校のこの単元に関係ないと言えばそれまでであるが，円の性質として曲率が一定であることに着目した非常に重要な捉え方である。

この後，授業者は円なので落ちないことも説明し，最後に，

「これはちょっと難しいかもしれないけど，丸い形は欠けにくいのです。こ

---

(7) 授業者は，道が狭くてトラック等が通行できない場所の話をしていたようである。

れが四角いと，角がよく欠けることがある」
と締めくくった。

「マンホールの蓋はなぜ丸い」の問題は数学を少しでも学んだことのある者にとってはおなじみの問題であって，円が等幅曲線であるというのがその標準的な答である。長方形は対角線の長さがどちらの辺の長さよりも長いので，蓋を穴に対して斜めにしてしまうと下に落ちてしまう。それに対して，円はどの向きでも直径の幅だけあるので，落ちることがないのである。もちろん，これが最も重要な理由であって，上記の他の3点は蓋を円形にすることの「利点」であるというのが相応しいと思う。しかし，この授業者の素晴らしいのは，数学を学んだ多くの教員なら「落ちないことが理由」で見過ごしてしまう事柄に対して，別の解釈を与えたことにある。これは，この授業者自身の学びによるところが大きい。

7.2.5　ICTの活用

第Ⅱ部で繰り返し述べてきたように，ICTの導入で授業は子どもたちが学校に集まることで成長が促されるものに変わっていかなければならないだろう。

これから本格的なクラウド時代が到来し，小中一貫した授業づくりの面にも，大きな影響があるものと考えられる。例えば，小中で協働して授業づくりを行う場面を想像していただきたい。これまでなら，どこかに集まって話し合いを行って，順々に形にしていったものが，ネット経由のテレビ会議の要領で可能になる。お互いの顔が見えるということは大きい。その際，指導案もネット上で共有することが可能で，相手の書き入れなどがリアルタイムで自分の画面に反映される。私は何も教員が集まって話し合いをすることの意義を軽く見ているものではない。授業研究会がこれまで頻繁に行われている地域は，熱心に取り組んでおられるわけなので，テレビ会議の方法を取り入れることで機会が増えることは，喜ばしいことであろう。また，今まで小中協働での授業づくりなど殆ど経験のない地域では，きっかけになるかもしれない。

ネットというとすぐに脳裏をよぎるのが情報漏洩である。だが，考えていただきたい。情報漏洩はなにもネットだけの問題ではない。例えば，名簿持ち出

しといった紙媒体からの流出や，関係者の口頭からの情報漏洩もあり得るのである。学校はこういった全ての情報を正しく管理する責任を有するが，教職員がきちんと意識することで，漏洩を防ぐことが可能である。有限会社パザパコーポレーション代表取締役社長の河野周啓氏によると，情報漏洩対策については，情報にアクセスできる人間や端末を限定した上で，主には以下のような点に注意することが重要だという。

（1）持ち出し禁止。
（2）放置禁止。
（3）安易な廃棄禁止。
（4）不要な持ち込み禁止。
（5）貸し借りの禁止。
（6）パスワードのこまめな変更。
（7）他言禁止。

　これは，コンピュータやネットのみならず，紙媒体や関係者の口頭からの情報漏洩までも想定している。そして，悪意や故意による情報の持ち出しや盗み出しだけではなく，うっかりによる情報漏洩への対策でもある。この中でもよく問題になるのが放置と廃棄だという。例えば，うっかりと机の上に書類やパソコンを開きっぱなしで放置したり，ファックスを取り忘れていたりといった「放置」による情報漏洩や，またパソコン等のハードディスクは完全に消去するのが難しく，情報を復元されて情報流失する可能性があるにもかかわらず，それを知らずに安易に「廃棄」することによる情報漏洩などである。7番目の「他言」からの情報流出としては，外での食事のときや飲み会の席等の会話からの情報漏洩がかなりあるという。
　ネット上にデータを保管することについて，それでも不安が先行することが多々あるが，逆にデータの安全な保管場所としての役割にも目を向けるべきであろう。地球上に生きる限り，私たちはいつ来るかもしれない自然災害と隣り合わせで暮らしている。あってはならないことだが，一度災害が来ると，卒業アルバムをはじめとする写真類，子どもたちの文集，学校の記録といった思い

出の品々や大切な記録が紛失しかねない。パソコンだって，水濡れや落下等でその中のデータが破壊される。もし，被災地から離れた場所にデータを保管していれば，データが無事である可能性が高まるのである。

　ICTを利用した授業に関しては，「こんなことをしてみたい」という具体的な案さえあれば，それに近いことは実現される可能性はあるという。そこで教員に求められるのは，授業を豊かに構想する力である。そして，教員には，より一層子どもを見る力が求められる。画一的な評価はコンピュータでもできる。それは，現在多くのe-ラーニングが行われていることからもご理解いただけると思う。また巧みなICT活用を，小中のいずれかだけで行っていたら，今まで以上にギャップが生じる。ICTについては小中一貫した研究や取り組みが不可欠である。筆者はそれが小中の授業を今より近づけてくれることに期待している。

あとがき

　まずは，ここまでお読みいただいたことに感謝申し上げたい。ご感想はいかがだろうか。一体この本は誰を読者対象としているのか，と思われた方も中にはいらっしゃるかもしれない。綿密な調査から得られたデータの分析と最新の教育政策の方向性に基づき執筆された第Ⅰ部と，教科書という身近な題材，それにどこにでもありそうな授業改善の課題と様々な事例を中心にした第Ⅱ部とでは，その読者対象は全く異なるのではないかと感じられた方もきっといらっしゃることだと思う。

　しかし，どちらも小中一貫教育について論じている。第Ⅰ部の中の言葉を引用するなら，第Ⅰ部が「鳥の目」で第Ⅱ部が「虫の目」といったところであり，どちらも必要な目である。我々著者はときに2名で講演を依頼を受けることもあるが，それは主催者が両方の視点の必要性を感じてのことだと考える。

　こんな思いもあって，本書は全ての小中学校関係者にむけて書かれている。もちろん，まだ若い先生方とて対象の例外ではない。ありがたいことに我が国では誰もが教育を受けてきている。だがそれゆえに，自身の受けた教育の影響のもと次世代への教育を行う可能性を持っている。もちろん，これにはプラスの面とマイナスの両面がある。だがたとえ良い教育を受けてきたと自負する場合でもそこで留まっていてはいけない。「ある先生に出会ったおかげで，今まで苦手だった科目を好きになり，できるようになった。そしてそれが自信へと繋がった。自分もその先生のようになりたい」と語る教員に何度も出会ったことがある。目標があるのは素晴らしいことだが，教育のプロたる教師という職についた以上，それを超えてこそ真のプロである。そのためには，目の前の課題はもちろんのこと教育の動向にもアンテナを張っておいてほしい。だから，第Ⅰ部に書かれているような小中一貫教育の全体像を知っていただきたい。きっと，それは将来の自分や子どもたちへの投資となる。

　管理職や教育行政に関わる方々にあっては，教育全体の舵取りをしながらも，

教職員が育つような環境を整えていただきたいと思う。そしてその教員が育つ場所こそ中学校区である。中学校区は児童・生徒だけが育つ場ではないと心得ていただき，教員が授業力を磨き，教科の専門性を中学校区の中で高められるように支援をお願いしたい。それがまさに教科連携としての小中一貫教育であり，第Ⅱ部に述べたところである。小中で一緒に指導案を検討し，実際に授業を実践し，その授業を小中で（場合によっては助言指導者を招きつつ）検討するといった具体的な行程を繰り返す中で授業力が育つ。まさに小中一貫教育が教員を育て，それが子どもたちに還元される。いくら立派な将来像を描いたところで，それを担う教員たちの日々の授業に課題があれば意味がない。教員を育てつつ，大きな目標に向かうのである。

　以上のような想いで本書はすべての小中学校関係者にむけて書かれている。この想いが届くことを切に願い，結びの言葉とする。

2015年5月　　筆者

索　引

あ
足立区立五反野小学校　35
いきいき teacher　53
１次の数字　74
Ａ問題　67
大原学院　31

か
拡張算数　90
拡張数学　90
学力の３要素　66
隠れたカリキュラム　107
春日中学校　45
学校運営協議会　34
学校教育法第三十条　65
学校選択制　30
学校評議員　33
学校理事会　35
管理職体制　26
期待する振り返り　106
義務教育学校　i, 26
義務教育の多様化　11
教育課程の特例　86
教育再生実行会議　4
教科担任制　101
協働統治（governance）　33
クラウド時代　114
呉市立中央学園　27
公正性（equity）　11, 54
　　──原理　31
言葉を持つこと　89
コミュニティ・スクール（地域運営学校）
　　34

さ
算数科における基礎基本　73
算数探し　92
施設一体型小中一貫教育　4
施設分離型　4
施設隣接型　4
指導案　104
指導観　105
児童観・生徒観　105
市民科　8
小中一貫教育の実態等に関する調査研究
　　協力者会議　67
小中一貫教育の制度化及び総合的な推進
　　方策　100
小中一貫教科等　87
情報公開（accountability）　33
情報漏洩　115
白鷺学園　23
新自由主義的教育原理　30
全国学力・学習状況調査　66
千里みらい夢学園　15

た
高島学園　23
高島区湖西中学校　52
卓越性（excellence）　11
多面的な解釈を与える行為　111
中１ギャップ　69
中１ジャンプ　71
中１リセット　4
中学登校　15
つくばスタイル科　8

な
2次の数学　74
練馬区立大泉学園　28
年間授業時数　73
のべ　89

は
花背小中学校　31
半九九　82
番組小学校　41
反比例　90
B問題　67
東山泉学園　31
東山開睛館小中学校　31
東山探究科　31

（品川区立）日野学園　27, 48
平等性（equality）　54
表やグラフ　91
複数教科担任制　101

ま
前倒し　93
学びの振り返り　106
三鷹中央学園　44
見通し・方針　108
目指す子ども像　67

ら
凌風学園　31
レディネスチェック　105

著者紹介

西川信廣（にしかわ・のぶひろ）
京都産業大学文化学部教授。1982年大阪大学大学院人間科学研究科博士後期課程単位取得退学。主著に、『改訂版 学生のための教育学』（編著）『小中一貫（連携）教育の理論と方法』（共著）『習熟度別指導・小中一貫教育の理念と実践』（以上ナカニシヤ出版）、『学校再生への挑戦』（編著、福村出版）、『教育のパラダイム転換』（共編著、福村出版）など。

牛瀧文宏（うしたき・ふみひろ）
京都産業大学理学部教授。理学博士。1991年大阪大学大学院理学研究科博士後期課程修了。『なっとくする演習・行列 ベクトル』『快感！算数力』『快感！算数力 ハイパー』『ドラゴン桜式 算数・数学ドリルシリーズ（全6巻）』『初歩からの線形代数』（以上講談社）、『これでわかる パパとママが子どもに算数を教える本』『「算数の教え方」がわかる本』（監修、メイツ出版）、『小中一貫（連携）教育の理論と方法』（共著、ナカニシヤ出版）、『Current Trends Transformation Groups』（編著、Springer）など著作多数。

学校と教師を変える小中一貫教育
教育政策と授業論の観点から

2015年7月10日　初版第1刷発行　　　定価はカヴァーに表示してあります

著　者　西　川　信　廣
　　　　牛　瀧　文　宏
発行者　中　西　健　夫

発行所　株式会社　ナカニシヤ出版
〒606-8161　京都市左京区一乗寺木ノ本町15番地
Telephone 075-723-0111
Facsimile 075-723-0095
Website http://www.nakanishiya.co.jp/
Email iihon-ippai@nakanishiya.co.jp
郵便振替　01030-0-13128

Copyright©2015 by N. Nishikawa & F. Ushitaki　装幀／白沢　正
　　　　　　　　　　　　　　　　　　　　　　　　印刷・製本／亜細亜印刷

ISBN978-4-7795-0964-3　Printed in Japan.

◎本書のコピー、スキャン、デジタル化等の無断複製は著作権法上での例外を除き禁じられています。本書を代行業者等の第三者に依頼してスキャンやデジタル化することはたとえ個人や家庭内の利用であっても著作権法上認められておりません。